# 100 Super Hits of the 70's

WISE PUBLICATIONS
LONDON/NEW YORK/SYDNEY/COLOGNE

ART DIRECTION BY PEARCE MARCHBANK
COVER DESIGN BY PEARCE MARCHBANK & PHIL LEVENE
COMPILED BY PETER EVANS

EXCLUSIVE DISTRIBUTORS:

*MUSIC SALES LIMITED*
78 NEWMAN STREET, LONDON W1P 3LA, ENGLAND
*MUSIC SALES PTY. LIMITED*
27 CLARENDON STREET, ARTARMON, SYDNEY, NSW 2604, AUSTRALIA

THIS BOOK © COPYRIGHT 1975 BY
WISE PUBLICATIONS
ISBN 0 86001 161 5
ORDER NO AM 15363

Music Sales Catalogue lists thousands of
titles and is free from your local music book shop,
or direct from Music Sales Limited.
Please send 25p in stamps for postage to
Music Sales Limited, 78 Newman Street, London W1P 3LA

Printed in England by The Anchor Press Limited, Tiptree, Essex

# It's Four In The Morning.

WORDS & MUSIC BY JERRY CHESNUT.

1. It's FOUR IN THE MORN-ING and once more the dawn-ing just woke up the want-ing in me;____ Wish-ing I'd nev-er met her, Know-ing if I'd for-get her, How much bet-ter off she would be.____ The

2. (I've) nev-er de-served her, God knows, when I hurt her, That's the last thing that I want to do;____ She tries, But she can't tell how she feels, But I know too well what she's go-in' through.____ If

long - er I hold on and the long - er this goes on, The hard - er_____ it's gon - na

I love her so much, I don't know why I can't do the right thing and just let her

be;_____ } But it's FOUR IN THE MORN-ING and once more the dawn - ing just

be;_____ }

woke up the want - ing in me._____ 2. I've me._____

3. Last night, I told her, this time it's all over,
   Making ten times I told her goodbye;
   Last night we broke up, this morning I woke up,
   And for the tenth time I'm changing my mind;
   I saw more love in her eyes when I left her
   Than most foolish men will ever see;
   And it's FOUR IN THE MORNING, and once more the dawning
   Just woke up the wanting in me.

5

# For The Good Times.

WORDS & MUSIC BY KRIS KRISTOFFERSON.

Moderato

Don't look so sad _____ I know it's ov - er _____
-long _____ You'll find an - oth - er _____

Fm7       Bb7       Eb

_____ But life goes on _____ and this old world _____ will keep on turn - ing _____
_____ But I'll be here _____ if you should find _____ you ev - er need me _____

Fm7       Bb7       Eb

_____ Let's just be glad _____ we had some time _____ to spend to - geth - er _____
Don't say a word _____ a - bout to - mor - row _____ or for - ev - er _____

Ab       Bb7       Eb

There's no need to watch the brid-ges that we're
There'll be time e-nough for sad-ness when you
Ab
Fm7
burn-ing
leave me
Lay your head up-on my
Bb7
Fm7 Bb7 Eb
pil-low
Hold your warm and ten-der
Bb7
bo-dy close to mine
Hear the whis-per of the
Eb
Fm7 Bb7 Eb

rain - drops ___ blow - ing soft ___ a - gainst the win - dow ___ And

Bbm7    Eb7    Ab    Abm

make be - lieve you love me one more time ___

Eb    Fm7

___ For the good times ___ I'll get a - For the

Bb7(b9)    Eb    Fm7    Bb7

good times ___ For the good times ___

Eb    Fm7    Bb7  Fm7    Eb

*rit.----------------*

# It's Impossible (Somos Novios).

WORDS BY SID WAYNE. MUSIC BY A. MANZANERO.

Slowly, with expression

*mp*

G  G6  Gmaj7  G6  F#m7-5

Chorus:

*mp*

It's Im-pos-si-ble, Tell the sun to leave the sky, It's just im-pos-si-ble,

B7  Em  Dm7  G7

It's Im-pos-si-ble, Ask a ba-by not to cry, It's just im-

Bm7-5  E7  Am7  Cm

pos-si-ble. Can I hold you ___ clos-er to me, ___ and not

feel you _____ go - ing through me, _____ Split the sec - ond _____ that I

nev - er think of you? Oh, how im - pos - si - ble. Can the

o - cean _____ keep from rush - ing to the shore? It's just im - pos - si - ble. If I

had you, _____ could I ev - er want for more? It's just im - pos - si - ble.

10

And to-mor-row,___ should you ask me for the world, some-how I'd get it,___ I would

sell my ver-y soul and not re-gret it,___ For to live with-out your love is just im-

pos-si-ble.

It's Im-pos-si-ble. Im-

pos-si-ble. Mm,___ Im-pos-si-ble.___

# Killing Me Softly With His Song.

WORDS BY NORMAN GIMBEL. MUSIC BY CHARLES FOX.

I heard he sang___ a good song___ I___ heard he had a style___
I felt all flushed___ with fe-ver em-bar-rassed by the crowd___
He sang as if___ he knew me in___ all my dark des-pair___

Bbm7          Eb          Ab          Db

And so I came___ to see him and list-en for___ a while___
I felt he found___ my let-ters and read each one___ out loud___
And then he looked___ right through me as if I was-n't there___

Bbm7          Eb          Fm          C7sus4 Fm

And there___ he was___ this young___ boy a stran-ger to my eyes___
I prayed___ that he___ would fin-ish but he just kept right on___
But he___ was there___ this strang-er sing-ing clear and strong___

Bbm7          Eb7          Ab          C7

Strumming my pain___ with his fin-gers___ sing-ing my life___ with his words___

Fm          Bbm          Eb7

13

Killing me soft-ly with his song kill-ing me soft-ly with his song tell-ing my whole

Fm    Bb    Eb    Db

*To Coda ⊕*

life with his words Kill-ing me soft-ly with his song

Ab    Db    Gb

**1-2**    **3**

He was strum-ming there yea he was sing-

F    Fm    Bbm

*D.S. al Coda*    ⊕ *CODA*

- ing my life Kill-ing me soft-ly with his

Eb    Ab    Fm    F

14

# The First Time Ever I Saw Your Face.

WORDS & MUSIC BY EWAN MacCOLL.

Slowly

Pedal throughout

The first time _____ ev-er I saw your face, _____

I thought the sun \_\_\_\_ rose \_\_\_ in your eyes _____

And the moon ___ and the stars ___ were the
gifts you gave ___ To ___ the dark ___
and the emp - ty skies.

CODA

And last ___ till the end ___

C                     Dm

of time,___       my love.__         The first time _____

C/G     G7

ev-er I saw__ your face,_____

C                 Bb                C

Your face,__        your face,__        your face,_____

Bb                 C

your face._____

*rall.*

2. The first time ever I kissed your mouth
   I felt the earth move in my hand,
   Like the trembling heart of a captive bird
   That was there at my command, my love,
   That was there at my command.

3. The first time ever I lay with you
   And felt your heart so close to mine,
   And I knew our joy would fill the earth
   And last till the end of time, my love.
   The first time ever I saw your face,
   Your face, your face, your face.

17

# Say Has Anybody Seen My Sweet Gypsy Rose.

WORDS & MUSIC BY IRWIN LEVINE & L. RUSSELL BROWN.

We were ver-y hap-py well at least I thought we were.

Can some-bo-dy tell me what's got in-to her? A house, a home, a fam-i-ly and a man that loves her so. Who'd be-lieve she'd leave us to join a bur-lesque show?

Oh say, has an-y bo-dy seen my

I got wind my Jo's been dan-cin'

sweet gyp - sy rose? Here's her pic - ture when she was my
here in New - or - leans In this smoke filled honk - y tonk they
Ebm7 Ab7 Ebm7 Ab7
sweet Mar - y Jo. Now she's got rings on her fin -
call the land of dreams. Oh here she comes strut-
Db Db7 Abm Db7 Gb
- gers and bells on her toes.
- tin' in her birth - day clothes.
Say has an - y - bo -
Db F7/C Bbm Eb7 A7
- dy seen my sweet gyp - sy rose? oh — oh
1 2
Gb Db/F Ebm7 Db Db

ba - by___ ba - by, won - cha come home?___

F7                                    Bbm

We all___ miss you___ and ev - 'ry night we kiss___ your pic - ture.

Eb7                                    Ebm7

Oh rose one night the lights___ go dim___

*Piano solo 2nd. time*

Ebm/Ab   Fm/Ab   Ebm7/Ab   Ab      Db

and the crowd___ goes home,    That's the day___ you'll wake___ up    and you'll

Ebm7           Ab7           Ebm7           Ab7

find you're all — a - lone (1) So let's say good-bye — to gyp - sy, — Hel -
(2) So take those rings off your fin - gers and

Db        Db7 Abm Db7   Gb

- lo Mar - y Jo.— Say, has an - y - bo - dy seen— my
bells off your toes.— Say, has an - y - bo - dy seen— my

Db    F7/C Bbm    Eb7    Ab7

**1**
sweet gyp - sy rose.—

Gb    Db/F Ebm7 Db

**2**
Now you know just what I mean— by,

Eb7    A7    Ab7

*D.S. and fade*

has an - y - bo - dy seen— my gyp - sy rose _____

Eb7    A7    Ab7    Db

Ab Eb7 Ab7

21

# I Can See Clearly Now.

WORDS & MUSIC BY JOHNNY NASH.

Moderato. (with a strong beat.)

(1-3) I can see clear-
(2) I think I can make-

**D**

- ly now, — the rain — has gone. — I can see all -
- it now, — the pain — has gone. — All of the bad-

**G**      **D**

— ob - stac-les    in my   way, — Gone are the dark-
—— feel- ings have    dis-ap-peared, — Here is the rain-

**G**      **A**      **D**

— clouds - that had — me blind — It's gon-na be   a   bright,
-bow I've — been pray - ing for —

**G**      **D**      **C**

bright — sun shin-y day, ——— It's gon-na be a bright,

bright — sun shin - y day. ———

Look all a - round — there's noth-ing but blue sky, ———

cresc.

Look straight a-head — noth - ing but blue sky. ———

Dbm
G
Dbm
G
poco dim.
C
D6 (omit 5th)
A
D. S. al Coda
CODA
It's gon-na be a bright,
bright — sun shin- y day. -
D
C
G
1
2
D
D

# Crocodile Rock.

WORDS & MUSIC BY ELTON JOHN & BERNIE TAUPIN.

1.3. I re-mem _____ ber when Rock was young
2. went by _____ and

_____ Rock just died
Me and Su—sie had so much fun _____ Hold-ing hands
Su—sie went and left me for some for-iegn guy. _____ Long

and skim-min' stones _____ Had an old
nights cry-in' by the rec - ord ma-chine dream-

C

_____ gold Chev_____y and a place of my own _____ But the big-
in' of my Chev-y and my old ___ blue Jeans, ___ But they'll nev-

D

___est kick I ev - er got _____ was do-in' a thing called the Croc-o-dile
___er kill the thrills we've got _____ burn___ing up to the Croc-o - dile

G                                                          Bm

Rock _____ while the o ___ther kids were Rock-in' round the
Rock _____ learn - ing fast ___ till the weeks went ___ past

C

Clock.    We were hop——pin' and bop——in' to the Croc - o - dile Rock, Well
We real-ly—— thought the Croc - o - dile —— Rock—— would last, Well

D

Croc-o-dile Rock-in' is some - thing shock ——in' when your

*ff*

Em    D Em   D    Em    D Em    D   Em

feet just can't keep still, ————    I nev - er knew me a

A7                           D7

bet - ter time—and I guess —— I nev - er—— will. ———————— Oh

G

27

Lawd-y ma - ma those Fri - day nights _____ when Su - sie wore _____ her

E

A7

dres-ses tight _____ and the Croc-o- dile _____ Rock-in' was _____ out of

D7

sight. _____

C

G

Em

28

But the years

I re-mem-

*Repeat till fade*

# Ain't No Sunshine.

WORDS & MUSIC BY BILL WITHERS.

Slow Rock—Blues feel
Tacet

1. Ain't No Sun-shine when she's gone. It's not warm when she's a-way.

Ain't No Sun-shine when she's gone, ___ and she's al-ways gone too long an-y-time_she goes a-way.

2. Won-der this time where she's gone, won-der if_ she's gone to stay.
gone, on-ly dark-ness_ev-'ry day.

Ain't No Sun-shine when she's gone, ___ and this house just ain't no home an-y-time_ she goes a-way.
Ain't No Sun-shine when she's gone, ___ and this house just ain't no home an-y-time_ she goes a-way.

Am

Tacet

And I know, I know, I know, I know, I know, I know, I know, I know, I know, I know, I know, I know, I know, I know, I know,

(Percussion Rhythm)

I know, I know, I know, I know, I know, I know, I know, I know, I know, I know, I know, hey, I ought to leave the young thing a-

Am7        Em        Am7

D.S. ℅ al Coda

lone but, Ain't No Sun-shine when she's gone. _____ Ain't No Sun-shine when she's

Coda        Am

Em7        Am(add9th)
Repeat 3 times

An - y - time ___ she goes a - way.

31

# Goodbye Yellow Brick Road.

WORDS & MUSIC BY ELTON JOHN & BERNIE TAUPIN.

When are you gon-na come down When are you going to land____ I
What do you think you'll do then I bet that'll shoot down____ your plane____ It-'ll

should have stayed on the farm____ Should have list-ened to my____ old man____ You
take you a coup-le of vod-ka and ton-ics to set you on your feet a-gain____

no you can't hold____ me for ev-er____ I did-n't sign up____ with you____ I'm
May-be you'll get a re-place-ment____ Theres plen-ty like me____ to be-found____

not a pres - ent for your friends to op - en this boy's too young to be sing-ing the
mon - grels who ain't got a pen - ny Sing-ing for tit - bits like you On the

Eb    C7                F

blues
ground

Ah

Ah

Db    Eb7        Ab        Db    Bbm

So good-bye yel - low brick road Where the dogs of so - ci - et - y howl

C7        F        A7        Bb

You can't plant me in your pent - house I'm go - ing back to my plough

F        D7        Gm    C7        F

33

Back to the howl-ing old owl___ in the woods___ Hunt-ing the horn - y back toad

Dm            A            Bb            Db

Oh I've fin - 'ly de - cid - ed my fu - ture lies Be - yond the yel - low brick

Eb       F       Am       Dm            Bb       C7

road _____ Ah _____

Db            Eb            Ab            Db

Ah _____ Ah            Ah

Bbm       C7       F                 F

34

# Eighteen With A Bullet.

WORDS & MUSIC BY PETE WINFIELD.

I'm eight-een__ with a bul-let

got my fin-ger on the trig-ger_____ I'm gon-na pull it,

I'm picked to click now_____
I'm a sup-er soul sure shot yeh___
Be my 'A' side___ baby___

I'm the son of a gun
I'm a na-tion-al breakout
be be-side_____ me___

F                    Gm7           C7

So hold it right there lit-tle girl,___ lit-tle girl___ we're gon-na have big fun.
So let me check your play list ma-ma, come on, let's make out,

F                    Gm7           B♭dim

I may be an old - ie but___ I'm a good-ie too___
I'm high on the chart and I'm___ tipped for the top,

Am7           A♭dim           Gm7           C

I'll last for ev- er and I'll_____ be good to you, oh
But till I'm in your heart I ain't nev- er gon- na stop, nev-er

E♭dim           Gm/D           B♭m/D♭           F/C

yes I will,  nev-er ba - by

Gm7/C    C7    Gm7/C

Sax. solo

*ff*

D    G/D

4:3  4:3  4:3  We've got a

D    G/D

smash  dou-ble head-er  if we  on-ly stay___ to geth-er___  talk-in' 'bout

*f*

Gmaj7    F#m    D9    G9

D. S. al Coda
you, talk-in' 'bout me-e-e
Cmaj7
C9
C7
CODA
Right now, right now, I'm a sin-gle but pret-ty soon you'll see, we'll have a
F
Gm7
Gm7/C
hit first time, it won't be long you'll see, that we're
f
Gm
Am
B♭
E♭
rais-ing a whole L. P. ooh and now I'm
A♭
B♭m7
E♭7

eight -een____ ooh____ ooh with a bul - let, yes I am ba - by, I got my

*Ab* *Bbm7* *Eb7*

fin- ger right there on the trig-ger, I'm gon-na pull it, pull it, pull it, you bet- ter

*Ab* *Bbm7* *Eb7*

start mak-in' plans ba - by, This old house is too small now,____ now, now,

*Ab* *Bbm7* *Dbdim*

*To fade*

la la la la la la la la la____ la la la____

*Ab* *Bbm7* *Dbdim*

39

# Listen To The Music.

WORDS & MUSIC BY TOM JOHNSTON.

Don't you feel_ it grow - in'
Well, I know you know better

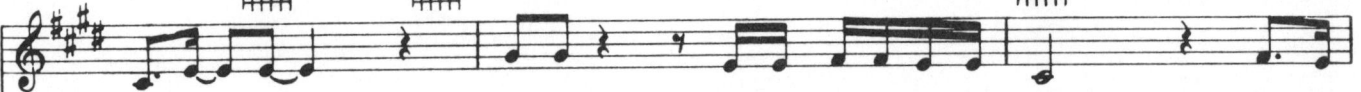

day by_ day,_ peo-ple get-tin' read-y for the news. Some are
everything I say,_ meet me in the country for a day. We'll be

hap - py,_ some are sad,_____ Oh,____ we got to let the mu - sic
hap - py_ and we'll dance, _____ Oh,____ we're gon - na dance our blues_ a -

play. ___
way. ___
What the peo-ple need___ is a
And if I'm feel-in' good to you and you're

way to make 'em smile,___ it ain't so hard to do___ if you know how. ___ Got-ta get a
feel-in' good___to me___ there ain't noth-in' we can't do___ or say. ___ Feelin'

mes-sage,___ get it on through, _____ Oh,___ now ma-ma's go'n' to af-ter 'while.___
good,___ feeling fine, _____ Oh,___ baby,___ let___ the mu-sic play.___

Oh,_____ oh, lis-ten to the mu-sic,___ oh,___

41

oh, lis-ten to the mu-sic,\_ oh,\_ oh, lis-ten to the

mu-sic\_ all the time._____

Like a la-zy flow-ing riv-er\_\_\_ sur-round-ing cas-tles in the sky.\_\_\_

And the crowd is grow-ing big-ger,\_ lis-t'nin' for the hap-py sounds\_and I got to let\_them fly.\_ Oh\_

*Repeat and fade*

C#m7                       A                      C#m7

oh,       lis-ten to the mu-sic,\_       oh,\_ oh,       lis-ten to the

*f Repeat and fade*

A                       C#m7                   A

mu-sic,\_       oh,\_ oh,       lis-ten to the mu-sic\_       all the time.\_

F#7                                   A

Oh,\_\_\_\_\_

43

# Tie A Yellow Ribbon 'Round The Ole Oak Tree.

WORDS & MUSIC BY IRWIN LEVINE & L. RUSSELL BROWN.

Brightly

I'm com - ing home____ I've done my time,____
Bus dri - ver please____ look for me____

Now I've got to know____ what is____ and is - n't mine
'Cause I could - n't bear____ to see____ what I might see

Line 1:
If you re-ceived my let-ter tel-lin' you___
I'm real-ly still in pris-on and my love___

Bbm

Line 2:
___ I'd soon be free
___ she holds the key

Then you'll know just what___
A sim-ple yel-low rib-

F        Dm        G7

Line 3:
___ to do___ If you still want me.
bon's what___ I need to still set me free

Bbm        C7

I

Line 4:
If you still want me please.
wrote and told her

Well

Bbm        C7

45

tie a yel-low rib-bon 'round the ole oak tree it's been

three long years do ya still want me? If

I don't see a rib-bon 'round the ole oak tree,___ I'll

stay on the bus, For-get a-bout us, put the blame on me, If

I don't see a yel - low rib - bon 'round the ole _____ oak
hun - dred yel - low rib - bons 'round the ole ole _____ oak

**1**
tree. _____

**2**
tree. _____

*To Coda* ⊕

Now the

*ritard*

Gm  Bbm  Gm  C7

F  Am  Gm  C7

F  Am

Cm  D7  Gm

D. S. al Coda
Tempo I
Slow & Rubato
whole damn bus is cheer - ing and I can't be - lieve I see a
Gm7 - 5
F
D9
CODA
(Girls)
Tie a rib - bon'round the
Gm
C7
F
ole oak tree
Tie a rib - bon'round the ole oak tree
Am
Repeat & fade
Tie a rib - bon'round the ole oak tree
Cm
D7
Gm
C7

# Until It's Time For You To Go.

WORDS & MUSIC BY BUFFY SAINTE-MARIE.

Moderately

Am7    D7    G

You're not a dream, ___ you're not an an - gel, you're a
dif-f'rent, ___ worlds a - part, ___ we're not the

G    G/F#

man. ___ I'm not a queen, I'm a
same. ___ We laughed and played at the

G/F♮    E7    Am

wo - man, take my hand. ___ We'll make a
start ___ like in a game. ___ You could have

D/F#

space       (v)    in   the   lives     (v)    that   we    planned, _____
stayed     out - side   my   heart    but   in   you    came, _____

G                     G/F♯              G/F♮

*To Coda* ⊕

_____ and   here   we'll    stay     un - til   it's    time      for   you   to
_____ and   here   you'll    stay     un - til   it's    time      for   you   to

E7                    Am7                 D7

**1**                                   **2**

go. _____    Yes we're     go. _____

G                                       G

Don't ask _____ why, _____

A♭                      F7                   G

Don't ask ——— how, ———

A♭    F7    G

Don't ask ——— for - ev - er. ———

B    B7    Em

Love me ——— now. ——— This love of

Em    A7    D7

mine had no be - gin-ning it has no end. ——— I was an

G    G/F♯    G/F♮    E7

oak, now I'm a wil-low, now I can bend, _____ and tho' I'll

Am                                                          D7/F#

nev-er in my life see you a - gain, _____ still I'll

G              G/F#              G/F♮              E7

stay un - til it's time for you to go. _____

Am7              D7                    G

Don't ask _____ why of me,

Ab              F7                    G

Don't ask ———— how of me,

Ab                F7                G

Don't ask —— for - ev - er —— of me,

B7                              Em

*D.S. al Coda*

Love me, ——— love me ——— now. ———————— You're not a

A7                          D7 sus4        D7

⊕ *CODA*

stay un - til it's time for you to go. ———————

Am7                 D7                G

53

# Rocket Man.

WORDS & MUSIC BY ELTON JOHN & BERNIE TAUPIN.

my wife.
It's lone-ly out in space
-stand.
It's just my job five days a week
C9 sus4
F
Gm7
on such a time less flight.
A rock-et man
C9 sus4
Bb
Eb
Bb
Cm7
A rock-et man.
F
F7 sus4
And I think it's gon-na be a long-long time till touch-down brings-me round a-gain to find
Bb
Eb

I'm not the man___ they think I am at home___ Oh no no no___ I'm a

**B♭**                                              **E♭**          **B♭**

rock—et man___ ___          Rock—et man          burn — ing out his fuse up here___

**C7**                                        **E♭**                              **F**

*Take Coda* ⊕
on repeat.                                                        *Repeat at D.C.*

___ a—lone.

**B♭**                                        **E♭**

⊕ *CODA*                                                              *Repeat till fade*

And I think it's gon—na be a long___ long time.___                    And I

**E♭**                              **B♭**                                    **E♭**

56

# How Can I Be Sure.

WORDS & MUSIC BY FELIX CAVALIERE & EDWARD BRIGATI JNR.

**Moderately (in one)**

How Can I \_\_\_\_ Be Sure \_\_\_\_ in a world \_\_\_\_ that's con-stant-ly chang-ing? How Can I \_\_\_\_ Be Sure, \_\_\_\_ where I stand with you? \_\_\_\_

*To Coda*

When-ev-er I, \_\_\_\_ when-ev-er I \_\_\_\_ I'm a-way \_\_\_\_ from you I want to die \_\_\_\_ 'Cause you know I wan-na

I, \_\_\_\_ when-ev-er I \_\_\_\_ I'm a-way \_\_\_\_ from you my al-i-bi \_\_\_\_ is tell-in' peo-ple I don't

stay _____ with you. How do I know may-be you're
care _____ for you. May-be I'm just hang-ing a-

try-ing to use me Fly-ing too high can con-fuse me
round with my head up Up-side _____ down it's a pit-

Touch me but don't take me down. _____ When-ev-er y I

can't seem to find some-one who's as pret-ty and love-ly as you. _____

How Can I _____ Be Sure _____ I real-ly, real-ly,

really want to know,_____ I real-ly, real-ly, real-ly want to know._____ How's the weath - er, wheth - er or not we're to-geth - er, To-geth-er we'll see it much bet - ter I love you, I love you for-ev - er, You know where I can be found._____

D. S. al Coda

Coda

I'll be sure with you._____

59

# The Long And Winding Road.

WORDS & MUSIC BY JOHN LENNON & PAUL McCARTNEY.

18/20 bars per minute

The long and wind-ing road that leads
wild and wind-y night that the rain
Still they lead me back to the long

C#m   G#m   B9 sus4

to your door will ne-ver dis-ap-
washed a - way has left a pool of
wind-ing road , You left me stand-ing

E   E7   A   E

-pear, I've seen that road be - fore,
tears cry-ing for the day,
here a long long time a - go,

C#m   F#m7   B7   E7 sus4   E7

It al-ways leads ——— me here, lead me to your ———
Why leave me stand-ing here, let me know the ———
Don't leave me wait ——— ing here, lead me to your ———

A    E         C#m      C#m7       F#m7      B7

**To Coda** ⊕

door.        The  way.        Ma-ny times — I've been a-lone — and

E              E                E        A

ma-ny times — I've cried,   A-ny-way — you'll ne-ver know — the ma-ny ways — I've tried   but   **D.%.al Coda**

E        F#m7  B7   E        A              E        F#m7

⊕ **CODA**

door.                    Da  da  da  da. ———

*f*

E                    B9 sus4                    E

61

# Popcorn.

MUSIC BY GERSHON KINGSLEY.

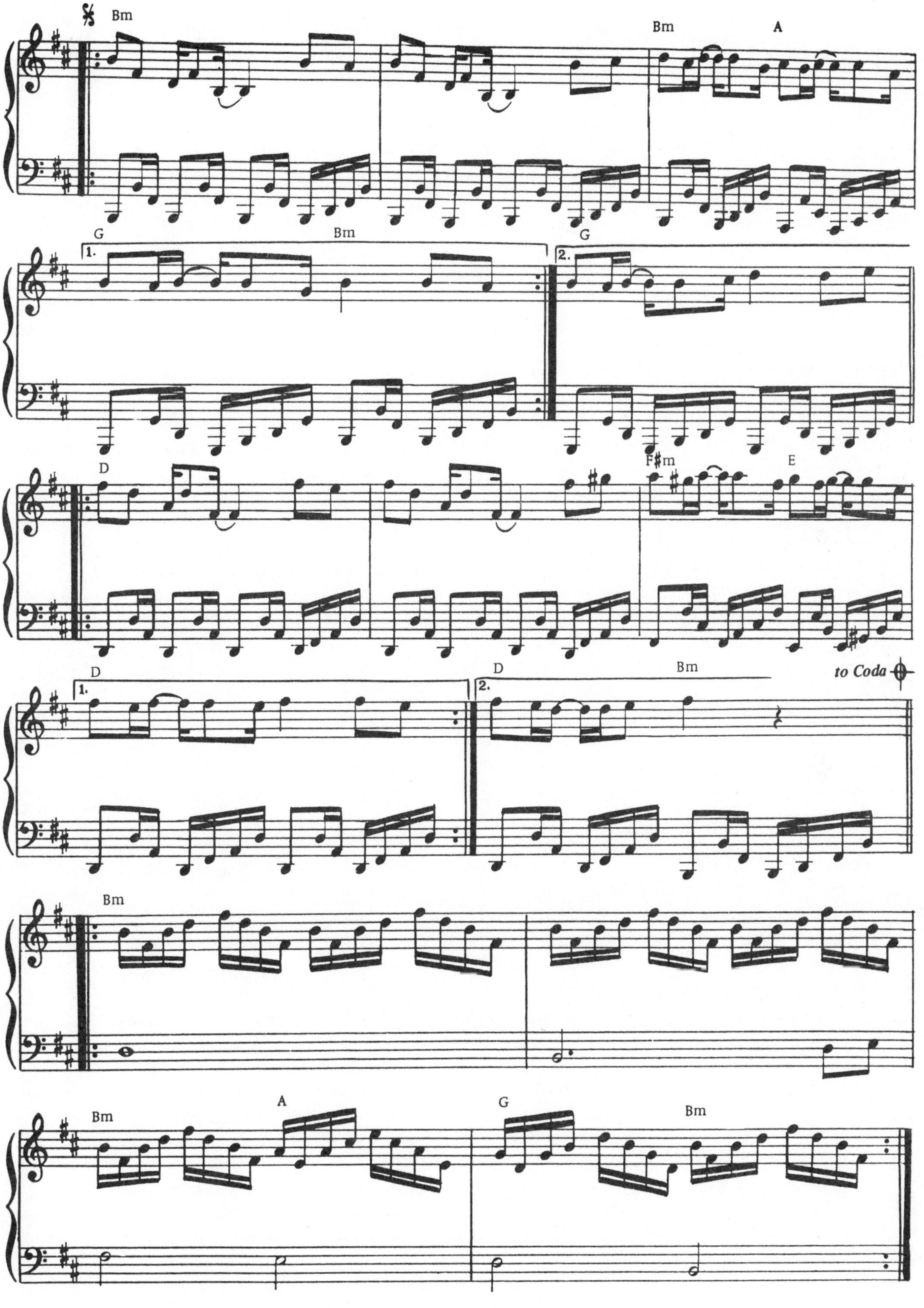
Bm
Bm
A
G
Bm
G
D
F♯m
E
D
D
Bm
to Coda
Bm
Bm
A
G
Bm

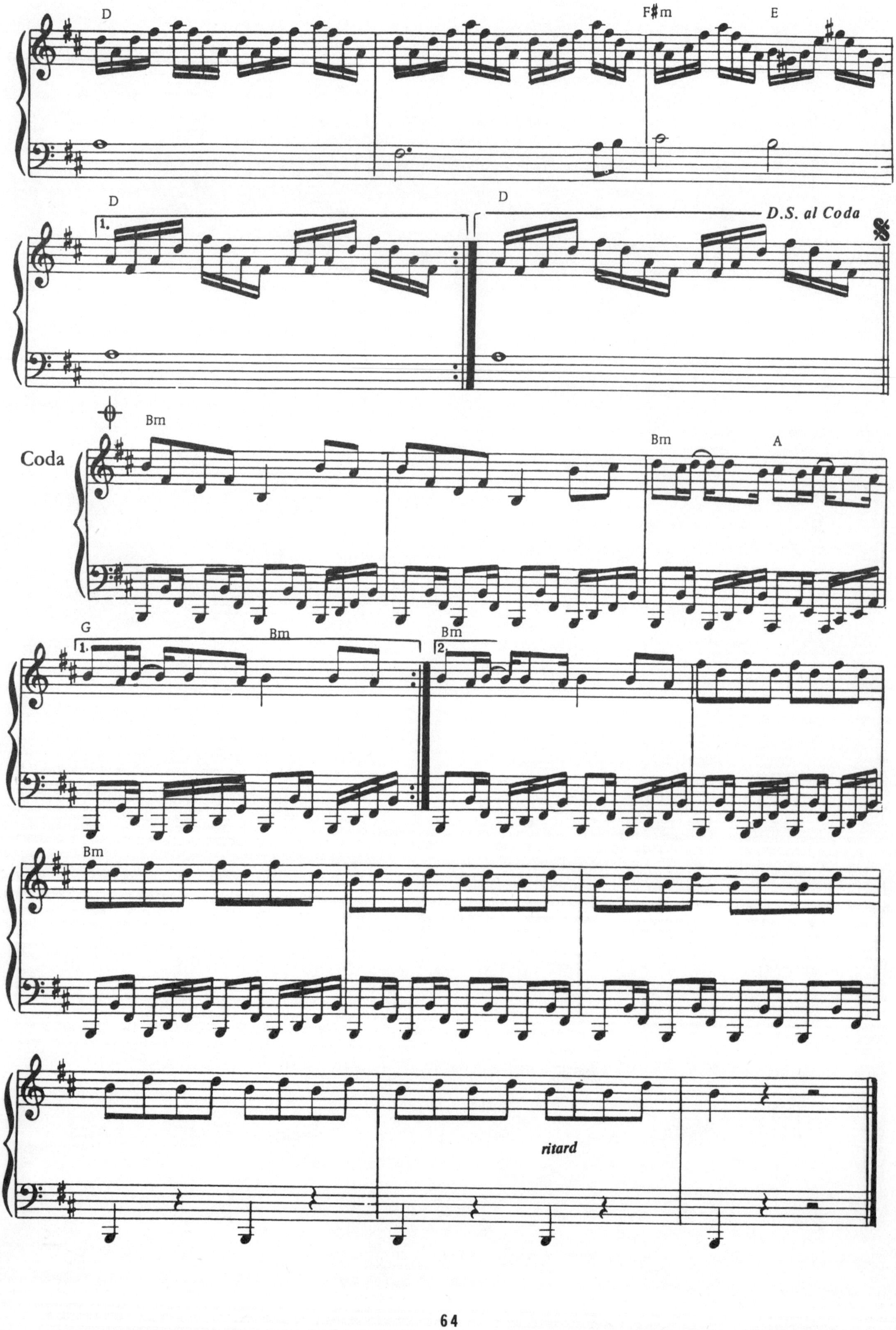
D
F♯m
E
D
1.
D
D.S. al Coda
Coda
Bm
Bm
A
G
1.
Bm
Bm
2.
Bm
ritard

# I'd Like To Teach The World To Sing.

WORDS & MUSIC BY ROGER COOK, ROGER GREENAWAY,
BILLY BACKER & BILLY DAVIS.

**Moderately**

I'd like to build the world a home and fur-nish it with love,

Grow ap-ple trees and hon-ey bees and

snow-white tur-tle doves. I'd like to teach the world

to sing in per-fect har-mo-ny, I'd

like to hold it in my arms___ and keep it com - pa - ny.___

I'd like to see the world___ for once___ all

stand - ing hand in hand,___ And hear them ech - o through___

the hills___ for peace through - out the land.___

Fine

That's the song I hear, __ let the world sing to - day. _____

A song of peace that ech-oes on __ and nev - er goes a-way. __

Put your hand in my hand, Let's be - gin to - day.

Put your hand in my hand, Help me find the way. I'd

*D.S. al Fine*

# Come What May (Après Toi).

ORIGINAL WORDS BY KLAUS MUNRO & YVES DESCA. ENGLISH WORDS BY NORMAN NEWELL.
MUSIC BY MARIO PANAS & KLAUS MUNRO.

Moderato

*mf*

1. There were times ____ in the days gone by,
(2) (Nev — er ask) ____ what the past was like,

F

when I thought I was liv — ing, hav — ing fun ____ with all the friends I knew. ____
I will live for to — mor — row, yes — ter — day ____ is ve — ry far a — way. ____

C7                                                          Bb

____ Now it seems ____ oh, so long a — go,
____ Now you're here ____ ev — 'ry — thing is new,

Bb

For my life changed com-plete-ly from the mo-ment I met you.
You are all that I long for, and I long for you to stay.

**CHORUS**

Come what may I will love you for ev-er, and for-ev-er my heart be-longs to you; Come what may for as long as I'm liv-ing I'll be liv-ing on-ly for you.

Now I know _____ I was lost till I met _ you, _ when I met _

Tacet ——————— ✻ F

you love told me what to do. _____ Come what may _____

Gm

in a world full of chang—es _____ noth—ing chang ——— es my love for you. _____

**1**

Bb          C          C7          F

**2**

2. Nev—er ask ——— es

Dm          Bb          Tacet——✻ F          C          C7

my love for you. _____

dim.

F          Bb          F

sfz

70

# Waterloo.

WORDS & MUSIC BY BENNY ANDERSSON, STIG ANDERSON & BJORN ULVAEUS.

Introd.

1. My my ____ at Wa - ter - loo Na - po - le - on did sur-
I tried__ to hold you back__ but you were stron-

-ren-der Oh yeah,__ and I__ have met my des - ti - ny in quite
-ger Oh yeah,__ and now__ it seems my on - ly chance is giv-

__ a sim - i - lar way.__ The hi - sto - ry book__ on the shelf__ Is al-
-in' up the fight__ And how__ could I ev - er re - fuse.__ I feel

- ways re - peat - ing it - self __ Wa - ter-loo }
__ like I win__ when I loose Wa - ter-loo } I

was de - feat - ed, you won the war

D    G

-ter-loo    prom - ise to love you for-ev - er more.

A    D    A

-ter-loo    Could - n't es - cape if I want - ed to

D    G

-ter-loo    know - ing my fate is to be with you

A    D

*To Coda* 🜛 *both times*

Wa, Wa, Wa, Wa - ter-loo    Fin - al-ly fac - ing my Wa - ter-loo.

D    A    D

2nd time D. S. al Coda 1
2. My, my
D
CODA 1
- ter-loo
And how could I ev - en re - fuse
D
Bm
D. S. al Coda 2
I feel like I win when I loose
Bm
E
A7
CODA 2
- ter-loo
Wa, Wa, Wa, Wa, Wa - ter-loo
know - ing my fate is to be
D
A
Repeat and fade
with you
Wa, Wa, Wa, Wa, Wa - ter-loo,
Fin - al- ly fac - ing my Wa -
D
A

# When You Smile.

WORDS & MUSIC BY WILLIAM SALTER & RALPH MacDONALD.

Medium beat

mf

(1)(4) When you smile, I can see, you were born,
(2) smile, I can see, there is hope,
(3) smile, I can see, you and me,

G
B7

born for me, and for me, you will be,
hope for me, and for you, if you know,
me and you, there is love in your eyes,

Em
G7
C

do or die.
what I mean.
when you smile.

Oh, ba-by let me hold
I'm gon-na sock it to
Oh, ba-by let me love

A7

You make me want to hold ____ you.
I'm gon - na rock it to ____ you.
You got - ta let me love ____ you.

D7          C7

1 & 3. When you ____ smile, ____ smile, ____ smile, ____ smile, ____ smile,
2. Ev - 'ry ____ time, ____ time, ____ time, ____ time, ____ time,

G          C7

1.2          3

____ smile, ____ smile, ____ When you ____ La la
____ time, ____ time,

Bb          D4          D7          D4          D7

la, la la la, ____ la la la, ____ la la, ____ la la

G          B7          Em          G7

75

la,_____ la la la,_____ la la la

la la la la la___ la___ la,___ La la la la la la___

___ la. La la___ la,_____ la,_____ la,___

___ la,_____ la,_____ la,_____ la.___ When you

C    E7    A7    D7    C7    G    C7    B♭    D4    D7

D.S. no repeat and fade

# Don't Let The Sun Go Down On Me.

WORDS & MUSIC BY ELTON JOHN & BERNIE TAUPIN.

I can't light no more of your dark - ness

All my pic - tures_____ seem to fade to black and white_

I'm_grow-ing tired and time stands still before_

_____ me.                    Fro-zen here        on the ladder of __ my__

F/C        C        F/C C F/C C     C7/E    F

life.                           Too  late          to save my-self from

G              C/G      G7                          C/G        G7

fall - ing.                    I__ took a chance    and changed your way of life__

C          F/C  C F/C C      C/E      F          Bb/F  F

__                                    But you mis-read        my mean-ing when I

G              C/G      G                G7                C/G  G7

met___ you.                    Closed the door        and left me      blind
F/C          C                    C/E      F

- ed___  by   the light_____        Don't let the sun__ go down on me____
C/G                          G    G11        C                    C/B♭

al-though I__ search my-self   it's al-ways some - one else   I    see_____
Am7                          Am7/G    D7/F#

I'd just al-low a  frag-ment of your   life_____    to wan-der free____
C/G                                G11    G7         C

79

But los-ing ev-'ry-thing— is like the sun go-ing down on—

C/Bb    F/A    Dm7  C/E  F  C/G    G11

me.

C    C/Bb    F/A  C/G    F

I can't find    oh— the right ro-man-tic line—

G    G7    C    C/E

But see me once—    and see the way— I feel—

F    G7  C/G  G7  G11 F G

Don't dis-card me          just be-cause you think I    mean you harm____

G7                    C/G   G7                              C

But these cuts__ I    have____                  oh they need

C/E         F

*D.S. al Coda*          ⊕ *CODA*

love_____ to help them heal____                    me.

C/G                    G      G7                           C

C/Bb                        F/A                    Ab        Bb        C

*Ritard.*

81

# Go (Before You Break My Heart).

ORIGINAL WORDS BY DANIEL PACE. ENGLISH WORDS BY NORMAN NEWELL.
MUSIC BY LORENZO PILAT, MARIO PANZERI & CORRADO CONTI.

Slow beat

Do you real-ly mean what you try to say?
Did-n't we have fun, was-n't it a song?

Am

Do you real-ly mean you would go a-way?
Did-n't we have fun, where did I go wrong?

Say it is-n't true, say it's just a game.
Did I try too hard? Did I make mis-takes?

say it is-n't true, things are
Sure-ly they're the kind ev-'ry

Gm7

just the same
lov- er makes?

How can you and I ev- er say good-bye?
Is it all a dream, will I wake up soon?

Bm

How
can I face the lone- ly years with-out

No, I see your eyes a- gree with what

D

ritard.

you say
you?

I could nev- er make you stay.
Don't you know I love you so?

Am    Em    A    Ab

Go! Go be-fore you break my heart!

mf

Db    F7

Go be-fore I go down on my knees and beg you please don't go.

Gb                    Ab

Go_____ Go be-fore the tear-drops start!_____

E                              G#7

Don't you know at mo-ments such as these_____ it's bet - ter

A

*To Coda* ⊕

please to go.___ i'd like to make my heart a pris-on cell for you

B                    A                    E

D. S. al Coda
to stay.
G
A
Am
CODA
(Group)
go (Go be - fore the tear - drops start!
mf
G
(Solo voice)
Don't you know at mo - ments such as these it's bet - ter
Go
B7
C
please to go. go.
ritard.
D
G
Cmaj7
G

# Mouldy Old Dough.

WORDS & MUSIC BY BOB WOODWARD & NIGEL FLETCHER.

(Spoken) Moul-dy old dough ——

(Spoken) Moul —————— dy old dough

(Spoken) Moul_____dy old dough

dough

Repeat & fade.

# Angie.

WORDS & MUSIC BY MICK JAGGER & KEITH RICHARD.

Very slow tempo ♩ = 80

Am   E7   C   F

F   C   Am   E7

1. Oh An - gie___   Oh, An - gie___
2. An - gie___   you're beau - ti - ful___
3. *Instrumental* _ _ _ _ _ _

when will those dark clouds dis - ap - pear___   An - gie___   An -
but ain't it time we said good - bye___   An - gie___   I

4. (D.S.) *Instrumental* _ _ _ _ _ _

G   F   Bb F G C   G   Am

still — gie____ love you

Where will it lead us from here____ With no
Re - mem - ber all those nights we cried____ All the
(3) Oh____
With no

E7          G          F          Bb F G C

lov - ing in our souls____ and no mon - ey in our coats____
dreams we held so close____ and seemed to all go up in smoke____
An - gie don't you weep____ ah your kiss - es still taste sweet____
lov - ing in our souls____ and no mon - ey in our coats____

G                         Dm                    Am

**To Coda** ⊕

You can't say____ were sat - is - fied____      But An - gie____
Let me whis - per in your ear____      ____ An - gie____
I hate that sad - ness in your eyes____      But An - gie____
You can't say____ were sat - is - fied____      But

C          F          G                    Am

**D. S. al Coda**

An - gie      you can't say____ we nev - er tried____
An - gie      where will it____ lead us from here____
An - gie      ain't it time____ we said good - bye____

E7          G          F          Bb F G C          E7

90

**CODA**

An - gie___ I still love you ba - by___ Ev - 'ry-where I look___ I see your eyes___

Dm ..... Am ..... Dm

There ain't a wo - man that___ comes close to you

Am ..... Dm ..... Am

Come on ba - by dry your eyes___ But An-gie___ An - gie
An-gie___ An - gie

C ..... F ..... G ..... Am ..... E7

**1.**
Ain't it good___ to be a - live___
**2.**
They can't say___ we nev - er tried___

*rall.*

G ..... F ..... Bb F G C ..... E7 Bb F G C

# Don't Stay Away Too Long.

ENGLISH WORDS BY BRYAN BLACKBURN. MUSIC BY HENRY MAYER.

-bove me. Don't stay a-way too long Come back dar-lin', say you

love me Don't stay a-way too long Tell me you'll be think-in'

of me Each time you hear this song We'll love a-gain

some oth-er day Don't stay a-way too long.

# She.

WORDS BY HERBERT KRETZMER. MUSIC BY CHARLES AZNAVOUR.

She may be the face I can't for -
C F Gsus4 G C
- get a trace of plea - sure or re - gret may be my trea - sure or the
Eb° F
price I have to pay She may be the song that sum - mer
C A7 Dm
sings may be the chill that aut - umn brings may be a hun - dred diffe - rent
C

things__ with-in the mea-sure of a day

She __ may be the beau-ty or the
She __ may be the reas-on I sur-

F   G   C F Gsus4 G   C

beast __ may be the fam-ine or the
-vive __ the why and where-fore I'm a-

feast __ may turn each day in-to a
live __ The one I'll care for through the

Eb°   F

heav-en   or a hell
rough and read-y years

she __ may be the mir-ror of my
me __ I'll take her laugh-ter and her

C   A7   Dm

*To Coda* ⊕

dream__ a smile re-flec-ted in a
tears__ and make them all my souv-en-

stream__ she may not be what she may   seem   in-side her
irs__ for where she goes I've got to

C   Cmaj7   D   G

Ab°   *sim.*

95

shell      She — who al - ways seems so hap-py in a crowd whose eyes can be so priv - ate and so

C      Ab      Eb

proud — no - one's a - llowed to see them when they cry      She — may be the love that can-not hope to

Db      C      Fm      Bb

*D.S al Coda*

last — may come to me from sha - dows of the past — that I re-member till the day I die. —

Eb      C      D      D7      G   G7

*CODA*

be the mean-ing of my life is    she —    she    mm    she.

D      G      F      C      Dm   G      C

# Drift Away.

WORDS & MUSIC BY MENTOR WILLIAMS.

*Moderately fast*

*mf*

**G** ... **D** ... **G**

Day af - ter day I'm more con - fused;
Be - gin-ning to think that I'm wast-in' time;
And thanks for the joy that you've given me;

I look for the
don't un-der
I want you to

**D** ... **G**

light in the pour-ing rain.
- stand the things that I do.
know I believe in your song,

You know that's a game that I hate to
'Cause the world out - side looks so un-
and rhythm and rhyme and har - mo-

**D** ... **Em** ... **G** ... *To Coda* ✛

lose.
- kind.
- ny.

I'm feeling the strain;
Now I'm counting on you
You help me a - long,

ain't — it a shame?
to car-ry me through.
mak - in' me strong.

Oh, give me the beat, boys, to soothe my soul;___ I wan-na get lost in your rock and roll___ and

drift a - way.___ Give me the beat, boys, to soothe my soul; I wan-na get lost in your

rock and roll___ and drift a - way.___

No chords - - - - - - - - - - - - - - - - - - - - - - - - - - - - - -

And when my mind is free

98

no mel - o - dy ___ can move ___ me. When I'm

feel - in' blue ___ gui - tars are com - in' through to soothe ___ me.

CODA

*Repeat and fade*

Give me the beat, ___ boys, to soothe my soul; I wan - na get lost in your

rock and roll ___ and drift a - way. ___

# The Air That I Breathe.

WORDS & MUSIC BY ALBERT HAMMOND & MIKE HAZELWOOD.

Moderately slow

If I could make a wish ___ I
No cig - ar - ettes, no sleep, ___ no

*mp*

*sempre legato*

think I'd pass; ___ can't think of
light, no sound, ___ noth - ing to

an - y - thing I need. ___
eat, no books to read. ___

Mak - ing love with you ___ has left me peace - ful warm and tired, ___

what ___ more could I ask ___ there's noth-ing left to be de - sired. ___

Peace came up - on me and it leaves me weak, ___ So

sleep, si - lent an - gel go ___ to sleep.

Some - times ___ all I need is the air ___ that I breathe ___ and to

love you, ___ all I need is the air ___ that I breathe, yes to love you, ___

all I need is the air ___ that I breathe. ___ Ah, ah, ___ ah, ah,

ah, ah, ___ ah,

sleep.

D. S. %
al ⊕ Coda

Coda

mp cresc. poco a poco

f

p

102

# Solitaire.

WORDS & MUSIC BY PHILIP CODY & NEIL SEDAKA.

died with-in his si - lence
mand the hand he's play - ing
And solitaire's the on - ly game in

Eb    Bbm    Bb7    Eb

town_____ And ev - 'ry road that takes him, takes him down_____ while

Cm

life goes on a-round him ev-'ry where_ he's play-ing sol - i - taire_____ But

Fm                                Bb7              Ab    Eb

keep-ing to him-self be-gins to deal_____ and still the king of hearts is well con-

Eb                                                              Cm cealed_____ An - oth - er los -ing game comes to an end___ and he deals them out a - gain___

Fm    Bb    Eb

[1]  [2]

_____ - gain_____ and keep-ing to him-self be - gins to deal_____ and

Bb11    Bb7    Eb    Gm

still the king of hearts is well con- cealed_____ an - oth - er los -ing game comes to an

Cm    Fm

end_____ he deals them out a - gain._____

rit.

Bb    Eb    Abm    Eb

105

# Top Of The World.

WORDS BY JOHN BETTIS. MUSIC BY RICHARD CARPENTER.

Such a feel - in's com - in' ov - er me, _____ there is
Some-thing in __ the wind has learned my name, _____ and it's

won - der in\_\_\_ most ev - 'ry-thing\_\_ I see,_____ not a
tell - in' me\_\_\_ that things are not\_\_ the same,_____ in the

cloud in the sky_____ got the sun in my eyes, and I
leaves on the trees_____ and the touch of the breeze, there's a

won't be sur-prised\_\_\_ if it's a dream. _____
pleas - in' sense of hap - pi - ness for me. _____

Ev - 'ry - thing I want the world\_\_ to be, _____ is now
There is on - ly one wish on\_\_\_ my mind, _____ when this

F#m     Em   A7   D

com-ing true e - spe - cial - ly for me,_____ and the
day is through I hope that I will find,_____ that to

G     A     F#m     B7

rea - son is clear, it's be - cause you are here, you're the
mor - row will be just the same for you and me, all I

Em7     Em7-5     Asus4     A

near - est thing to heav - en that I've seen.
need will be mine if you are here.     I'm on the

D            G

top of the world_____ look-in' down on cre - a - tion and the on - ly ex - pla - na - tion I can ___ find, is the

love that I've found, ev - er since you've been a - round, your loves

put me at the top of the world.

# I Won't Last A Day Without You.

MUSIC BY ROGER NICHOLS. WORDS BY PAUL WILLIAMS.

Day af - ter day___ I must
So man - y times___ when the

face a world__ of stran-gers where I don't be-long,___ I'm not that strong,
ci - ty seems__to be with - out a friend-ly face,___ a lone-ly place,

it's nice to know___ that there's some - one I___ can turn to who will
it's nice to know___ that you'll be there if___ I need you and you'll

al-ways care,   you're   al-ways there,   When there's no   get-ting ov-er   that

al-ways smile,   it's   all worth while,

rain - bow,   when my   small - est of dreams won't come___ true,   I can

take   all the mad - ness   the world___ has   to   give,___   but I

won't___ last   a   day___   with - out   you.___

you. Touch me and I end up sing-ing,_____ trou-bles seem to up and dis-ap-pear, you touch me with the love you're bring-ing,_____ I can't real-ly lose when you're near, When you're near my_____ love, if all my friends_____ have for -

-got - ten half their prom - is - es they're not un - kind, just

hard to find. One look at you_____ and I

know that I_____ could learn to live with - out the rest, I

found the best, When there's no get - ting ov - er that rain - bow When my

G F/G Cadd9 Am7 Am7/D
small - est of dreams won't come true, I can
G F/G Cmaj7 G/B
take all the mad - ness the world has to give, but I
1.
Amaj7 Am7/D Gadd9/D Am7/D
won't last a day with-out. When There's
2.
Am7 D7sus4
Won't last a day
G Gadd9/B Cadd9 Cadd9/D D Gadd9
with-out you.
poco rit.

# Sing.

WORDS & MUSIC BY JOE RAPOSO.

Sing! Sing a song. Sing out

loud, sing out strong.

Sing of good things, not bad;

Gm7  C9  Cm7  F7

Sing of hap - py, not sad.

Bb  Cm7

Sing! Sing a song. Make it

Bb  Bbmaj7  Bb6  Fm7/Bb  Bb7  Fm7/Bb  Bb7

sim - ple to last your whole life long. _____ Don't

Ebmaj7  D7  Gm7  C9

wor - ry that it's not good e - nough for an - y - one else to hear.

Cm7   F7   Bb   F7

Sing!   Sing a song! _____

Bb   Bbmaj7 3fr   Ebmaj7

La la do la da, La da la do la da, La da da la do la da. ___

Bb   Bbmaj7 3fr   Ebmaj7   1.

La do la da, La da la la da, Lo da da la do lo da. ___

*Repeat and fade*

2.   Bb   Bbmaj7 3fr   Ebmaj7

La la do la da, La da la do la da, La da da la do la da. ___

*Repeat and fade*

117

# American Pie.

WORDS & MUSIC BY DON McLEAN.

Prologue:

A long, long time a-go___ I can still re-mem-ber how that mu-sic used to make me smile.

And I knew if I had my chance that I could make those peo-ple dance and

may-be they'd be hap-py for a while. But Feb-ru-ar-y made me shiv-er

with ev-'ry pa-per I'd de-liv-er. Bad news on the door-step I could-n't take one more step I can't re-mem-ber if I cried when I read a-bout his wid-owed bride,

Some-thing touched me deep in-side___ the day the mu-sic died.

In a moderate tempo

*mf* So bye - bye, Miss A - mer-i-can Pie ___ Drove my Chev-y to the lev-ee but the

To Coda

lev-ee was dry. ___ Them good ole boys___ were drink-in' whis-key and rye___ Sing-in'

119

this-'ll be the day__ that I__ die, This-'ll be the day__ that I__

die.____

*1. Did you__ write the book of love__ and do you__

have faith in God a-bove?__ If the Bi-ble tells__ you so__

Now do you__ be-lieve__ in rock and roll.__ Can mu-sic save your

mor-tal soul__ and can you teach me how to dance__ real slow?____

*See the last page for the lyrics of stanzas 2, 3 and 4.

Well, I know that you're in love with him 'cause I saw you danc-in' in the gym, You both kicked off your shoes. Man, I dig those rhy-thm and blues. I was a lone-ly teen-age bronc-in' buck with a pink car-na-tion and a pick-up truck. But I knew I was out of luck the day the mu-

1.2.3.
4.
D7 G C G D7
- sic died. I start - ed sing - ing
G D7 G C G D
He was sing - in' bye - bye, Miss A - mer - i - can Pie Drove my
G C G D
Chev - y to the lev - ee but the lev - ee was dry. Them
G C G D
good ole boys were drink - in' whis - key and rye Sing - in'

this -'ll be the day_ that I _ die, This -'ll be the day_ that I _

die. _____ *rit.* *Ad lib.* I met a girl who sang_ the blues_ and

I asked her for some hap-py news,_ But she just smiled and turned a - way._

I went down to the sa - cred store_ where I

heard the mu - sic years be - fore But the man there said the mu - sic would - n't play. ___ And in the streets the chil - dren screamed, ___ the lov - ers cried ___ and the po - ets dreamed. ___ But not a word was spo - ken the church bells all were bro - ken. And the three men I ad - mire most, the Fa - ther, Son and the Ho - ly Ghost, They caught the last train for the coast the day  the mu - sic  died.  And they were sing - in'.___

Coda

This - 'll be the day___ that I___ die.___

2. Now for ten years we've been on our own, and moss grows fat on a rollin' stone
But that's not how it used to be when the jester sang for the king and queen
In a coat he borrowed from James Dean and a voice that came from you and me
Oh and while the king was looking down, the jester stole his thorny crown
The courtroom was adjourned, no verdict was returned
And while Lennin read a book on Marx the quartet practiced in the park
And we sang dirges in the dark
The day the music died
We were singin'...bye-bye...etc.

3. Helter-skelter in the summer swelter the birds flew off with a fallout shelter
Eight miles high and fallin' fast, it landed foul on the grass
The players tried for a forward pass, with the jester on the sidelines in a cast
Now the half-time air was sweet perfume while the sergeants played a marching tune
We all got up to dance but we never got the chance
'Cause the players tried to take the field, the marching band refused to yield
Do you recall what was revealed
The day the music died
We started singin'... bye-bye... etc.

4. And there we were all in one place, a generation lost in space
With no time left to start again
So come on, Jack be nimble, Jack be quick, Jack Flash sat on a candlestick
'Cause fire is the devil's only friend
And as I watched him on the stage my hands were clenched in fists of rage
No angel born in hell could break that Satan's spell
And as the flames climbed high into the night to light the sacrificial rite
I saw Satan laughing with delight the day the music died.
He was singin'... bye-bye... etc.

125

# For All We Know.

WORDS BY ROBB WILSON & ARTHUR JAMES. MUSIC BY FRED KARLIN.

Love,_____ look__ at the two of us,_____ Stran-

gers_____ in man-y ways._____ We've got a / Let's take a

life-time__ to share,_____ So much to say_____ / life-time__ to say,_____ "I knew you well,"_____

Chord diagrams (left to right): Dmaj7, Gmaj7, A7sus, A7, D, Bm

*To Coda* ⊕

And as we go _____ from day to day, _____ I'll _ feel you
For on - ly time _____

Chord diagrams: E9, E7, G6, Gm

close to me, _____ But time _____ a - lone will

Chord diagrams: D, A7sus, D, A, Bm, D

tell. _____ Let's take a life - time _ to

*mf*

Chord diagrams: E7, Amaj7, Dmaj7

say, _____ "I knew you well," _____ For on - ly

time_____ will tell us so_____ And love may

grow for all\_\_\_ we know._____

*D. S. al ◆ Coda* 𝄋

*Coda*

\_\_ will tell us so_____ And love may grow for

all\_\_\_ we know._____

*dim.*

*pp*

128

# All I Ever Need Is You.

WORDS & MUSIC BY JIMMY HOLIDAY & EDDIE REEVES.

Moderately

Some-times when I'm down and all\_ a - lone, just like a child\_ with-out\_ a home. The love you give\_ me keeps me hang-in' on, \_ Oh hon - ey, All I Ev - er Need\_ Is You.

You're my first love, you're my last, You're my fu - ture, you're my past.

And lov-ing you is all I ask, Hon-ey, All I Ev-er Need Is You.

Win-ters come and they go, and we watch the melt-ing

snow. Sure as sum-mer fol-lows spring, all the things you do

give me a rea-son to build my world a-round you. Some men fol-low rain-bows, I am

**B7**      **Em**      **G7**

told,      Some men search for sil - ver some_ for gold.

**C**      **G**   **Em**   **A7**

I have found my treas-ure in your soul, Hon-ey, All I Ev - er Need_ Is

**D7**      **G**      **B7**

You.      With - out love I'd nev - er find_ the way, Through

**Em**      **G7**      **C**

ups and downs of ev - 'ry sin-gle day. I won't sleep at night_ un-til you

**G**   **Em**      **A7**      **Am7**   **D7**      **G**   **C**      **G**
                              **(D bass)**

say, my Hon - ey, All I Ev - er Need_ Is You.

# Daniel.

WORDS & MUSIC BY ELTON JOHN & BERNIE TAUPIN.

1.4. Dan-iel is trav-'ling to-night___ on a 'plane___
2. They say Spain is pret-ty 'though I've nev-er been ___
3. Instrumental ad lib. at 1st. D.S. (small notes)

I can see the red___ tail - lights___
Well Dan-iel says___ it's the best___ place he's

head-ing for Spa _____ in _____ Oh _____ and
ev _____ er _____ seen _____ Oh _____ and

E7                              Am        Em  F

I can see Dan -
he should     know _____

_____ iel _____ wav - ing good - bye _____          God it looks _____
_____ he's _____ been there e - nough _____          Lord _____ I _____

G                        Am

_____ like Dan - iel                    Must _ be the clouds _____ in _ my     eyes _____
_____ miss Dan - iel                    Oh _____ I miss _____ him _ so     much _____

F                        G7          G13sus4

*To Coda* ⊕

⌐1

C                                        G

133

Oh _____ Dan-iel _ my broth - er _ you are old-er _ than me _ do you _ still feel the pain _ Of the scars _ that _ won't heal _ your eyes _ have _ died _____ But you see more _ than _ I _____ Dan - iel you're a star In the face _ of the sky _

C    C    F    C    F    C    Em  Am    Em7    F    Fm    C    A7

Ped ----------------- *

D.S. twice
1st. D.S. Instrumental
ad lib. (smallnotes)
2nd. D.S. 1st. lyric again
al Coda ⊕

⊕ CODA

Oh God___ it

Dm7    G7

C

looks like Dan – iel

Must___ be the clouds___ in ___ my ___ eyes___

F    G7    G13sus4

C    F

G    C    F    C

135

# Y Viva Espana.

ENGLISH WORDS BY EDDIE SEAGO.
ORIGINAL LYRIC BY LEO ROZENSTRAETEN. MUSIC BY LEO CAERTS.

teach her hot blood-ed la-tin ways  But ev-en Ru-dy

G  F

would have felt the strain  of mak-ing smooth ad-van-ces in the

F  E  B7

(CHORUS)

rain_____ Oh this year I'm off to sun-ny Spain)
      La la la la la la la )

E E7   A

Y(E) Vi — va Es - pa - ña  { I'm
            { la

A  A6/C# Cdim E7

Lyrics under the staves:

tak - ing the Cos - ta Bra - va plane { Y(E) Vi -
la la la la la la la la

-va Es - pa - ña If you'd like to chat a mat - a -
A

-dor in some cool ca - ba - ña
A6/C# Cdim E7

And meet se - nor - i - tas by the score Es -

VERSE 2.   Quite by chance to hot romance I found the answer
           Flamenco dancers are far the finest bet
           There was one who whispered "Whoo hasta la vista"
           Each time I kissed him behind the castanet
           He rattled his maracas close to me
           In no time I was trembling at the knee.
                (CHORUS)

VERSE 3.   When they first arrive the girls are pink and pasty
           But oh so tasty as soon as they go brown
           I guess they know every fellow will be queueing
           To do the wooing his girlfriend won't allow,
           But still I think today's a lucky day
           That's why I've learned the way to shout "ole".
                (CHORUS)

# Yesterday Once More.

WORDS & MUSIC BY RICHARD CARPENTER & JOHN BETTIS.

When I was young I'd lis-ten to the ra - di - o ___ wait-in'
back on how it was in years gone by ___ and the

for my fav-'rite songs ___ when they played I'd sing a - long ___
good times that I had ___ makes to - day seem rath-er sad ___

it made me smile. ___
so much has changed. ___

Those were such
It was

141

shing-a-ling-a-ling    that they're start-in' to sing____    so fine.____

when they get to the part____    where he's break-ing her heart____    it can
All my    best mem-o-ries____    come back clear-ly to me____    some can

real - ly    make me    cry____    just    like be - fore.____
ev - en    make me    cry____    just    like be - fore.____

It's yes-ter-day__ once    more._____

(Shoo-bie do lang lang.____) Look-in' ____ Ev - 'ry

Sha-la - la - la____ ev - 'ry wo____ wo____ still shines____

ev - 'ry shing - a - ling - a - ling that they're start - in' to sing____ so fine._

Ev - 'ry

(Repeat and Fade)

143

# Annie's Song.

WORDS & MUSIC BY JOHN DENVER.

**Moderately**

You fill up my sen - ses _____ like a

night in a for - est, _____ Like the moun - tains in

spring - time, _____ like a walk in the

rain, _____ Like a storm in the des-

ert, _____ like a sleep-y blue o-cean,

You fill up my sen - ses, _____ come

fill me a-gain. Come let me

love
sen - ses _____ let me give my life
like a night in a

to you, _____
for - est, _____ Let me drown in your laugh -
Like the moun - tains in spring -

ter, _____
time, _____ let me die in your arms. _____
like a walk in the rain.

Let me lay down be - side you, _____
Like a storm in the des - ert, _____ let me
like a

*2nd time hold back---*

al - ways be with you, _____

sleep - y blue o - cean, _____ You

Come let me love you, _____ come love me a-

fill up my sen - ses, _____ come fill me a-

**1.** gain. _____ You fill up my **2.** gain. _____ *dim.*

# Down On The Beach Tonight.

WORDS & MUSIC BY ROGER GREENAWAY & TONY MACAULAY.

(Spoken) Hey honey you know you're too young to break your heart over one guy you

got your whole life ahead of you so why not forget him . . . . . . . . . . And say you'll meet me

down on the beach to - night___ Where you and I can dance till break___ of day___

un - der - neath the stars to soft___ gui - tars___ There's gon - na be an

*Fade last time*

all night par - ty babe _____ Say you'll be there down on the beach_ to - night_

Em7    A7                                    D

where you and I can dance your tears_ a - way_____ bare - foot in the

G

*To Coda* ✛

sand    hand_ in hand_____ We're gon - na have an    all night par - ty    ty    Lit - tle

A                                    G    A7    D

girl    you know he won't_ call up a - gain_____                    He's
girl    he'll al - ways be_ the cheat-in kind_____                    I

D                              A                    G

149

out there on the town\_\_\_\_ with your best friend\_\_\_\_
knew that he would soon\_\_\_\_ step out of line\_\_\_\_

A    D    Em7 D/F♯    G

Don't wait all night\_\_\_\_ by your win - dow you know it had to end\_\_\_\_
So don't cry all night\_\_\_\_ on your pil - low 'cos he ain't worth the time\_\_\_\_

F♯7

\_\_\_\_ You might as well\_\_ come down\_\_\_\_ and have\_ a good\_ time\_\_
You might as well\_\_ come down\_\_\_\_ and join\_ the par - ty\_\_

Bm    G    E7    A    Em7/A  A

**D.S. al Coda**    ✠ **CODA**

Say you'll meet me

**D.S. al fade**

all night par - ty there\_\_\_\_ say you'll meet me

G    A7    D

150

# I'm Stone In Love With You.

WORDS & MUSIC BY T. BELL, L. CREED & A. BELL.

Moderato

If I could___ I'd like to be___ a great big___ mov-ie star,
If I were___ a bus-iness man I'd sit be-hind a desk___
Some-day be___ the own-ner of___ the first house___ on the moon,

Bb    Bbmaj9    Eb/Bb

Ov - er - night sen - sat - ion___ Drive a
I'd be so suc - cess - ful___ I would
There would be no neigh - bours___ and no

F11    F7

big ex - pen - sive car.___ I would buy___ you
scare Wall Street to death.___ I would hold___ a
pop - u - lat - ion boom.___ You might say___ that

F11    F7    Bb    Bb

ev - 'ry - thing___ your lit - tle heart de - sires___
meet - ing for___ the press to let them know___
all I do___ is dream my life a - way___

Bbmaj9                    Bb7                    Eb

These things I do        'cos I'm stone in love with
I did it all             'cos I'm stone in love with
I guess it's true        'cos I'm stone in love with

Edim              Bb/F                F11        F7

*To Coda* ⊕

you._____
you._____
you._____

Stone in love with you._____

Eb    Bb/D  Cm7   Bb   Eb6/Bb      Bb    Eb/Bb      Bb    Eb/Bb

I'm just a man, an av - 'rage man        do - in' ev -'ry-thing the best

Bb   Eb/Bb     Cm7                F7                    Cm7

152

**D.S. al Coda**

**⊕ CODA**

I can, But if I could I'd give the world to you.

I'd like to

I guess it's true, 'cos I'm

F7          C7          F11

F7 Tacet - - - - -✻          Bb     Edim     Bb/F

stone in love with you. I guess it's

F11     F7     Eb     Bb/D     Cm7     Bb     Eb6/Bb     Bb     Edim

true, 'cos I'm stone in love with you.

Bb/F          F11          Eb     Bb/D     Cm7     Bb

153

# Gonna Make You A Star.

WORDS & MUSIC BY DAVID ESSEX.

Moderato

F  Gm7  F  Gm7  F  Gm7

F  Gm7  F  Gm7  F  Gm7  F  Gm7

Oh is he (1-3) more____ too much more____ than a pret-ty face____
(2) ____ he's in-to his mus- ic, but I don't be-lieve____

F  Gm7/F

____ it, *(Last time)* (I don't think so) It's so strange____ the way____ that he talks____
He just does - n't seem to un -

F  Gm7/F  F  Gm7/F  F

it's a dis - grace _____ Well, I know _____
- der - stand ___ the rock ___ med - ia Well, I know _____

**Gm7/F**     **F**     **Gm7/F**     **F**     **Gm7/F**

____ I've been out of style ____ for ___ a short while ____
____ I'm not sup - er hip ____ and I'm li - a - ble to take a slip ____

**Gm7**     **Am7**     **Gm7**

But I don't care how ___ cold you are ____ I'm com - ing
(Last time) But, you see, ___ I don't care

**Am7**     **Gm7**     **Am7**

*To Coda* ⊕

home soon. ___ I'm gon - na make you a star. _____

**Bb**  **F/A**  **Gm7**     **F**  **Gm7/F**  **F**  **Gm7/F**

155

yeah _____ (2) Well he say_ yeah _____ yeah_

F    Gm7/F    F    Gm7/F    F    Gm7/F    F    Gm7/F

We    gon - na  make_  you    a    sta - a - a - r. ___

F         Gm7         F  C7sus4 Gm7    F         Gm7      F7  C7sus4  Gm7

We    gon - na  make_  you    a    star. _____

F         Gm7         F  C7sus4 Gm7    F         Gm7         F

F    Gm7/F    F    Gm7/F    F    Gm7/F    F    Gm7/F

156

D. S. al Coda
(3) Oh is he
F Gm7/F F Gm7/F F Gm7/F F
CODA
I'm gon - na make you a star___ yeah___ yeah___ yeah___
Gm7 F Gm7/F
yeah__ yeah__ yeah__ yeah__ yeah.
F Gm7/F F Gm7 F Gm7
Repeat and fade ad-lib.
We gon - na make___ you a sta - a - a - r.___
F Gm7 F/A C7sus4 Gm7 F Gm7 F/A C7sus4 Gm7

# Morning Has Broken.

WORDS BY ELEANOR FARJEON. MUSIC BY CAT STEVENS.

1.4. Morn - ing has brok - en, like the first morn -

2. Sweet the rain's new fall, sun - lit from heav -

ing, / en,

C

Black - bird has spok - en like the first
Like the first dew - fall on the first

Em    Am    D sus.    D

G

bird.
grass.

Praise for the sing - ing,
Praise for the sweet - ness

C    F

C

Praise for the morn - ing,
of the wet gar - den,

Praise for them spring -
Sprung in com - plete -

Am    D    G    C

F

ing fresh from the world.
ness where his feet pass.

G7    C    F

mf

159

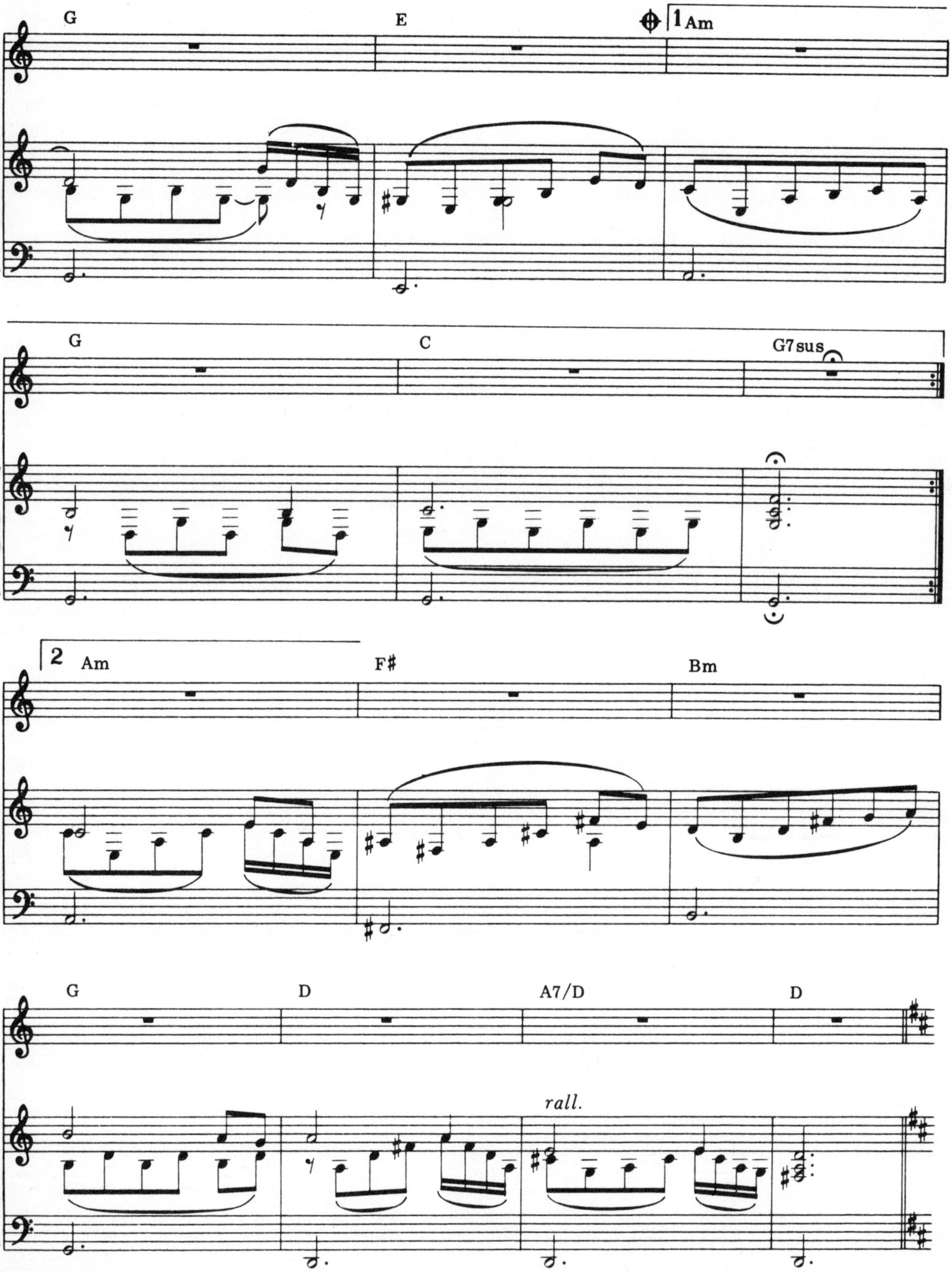
G
E
1 Am
G
C
G7sus
2 Am
F#
Bm
G
D
A7/D
D
rall.

*a tempo*

3. Mine is the sun - light, Mine is the morn - ing, Born of the one light E - den saw play. Praise with e - la - tion, Praise ev-'ry morn - ing, God's re - cre - a - tion of the new day.

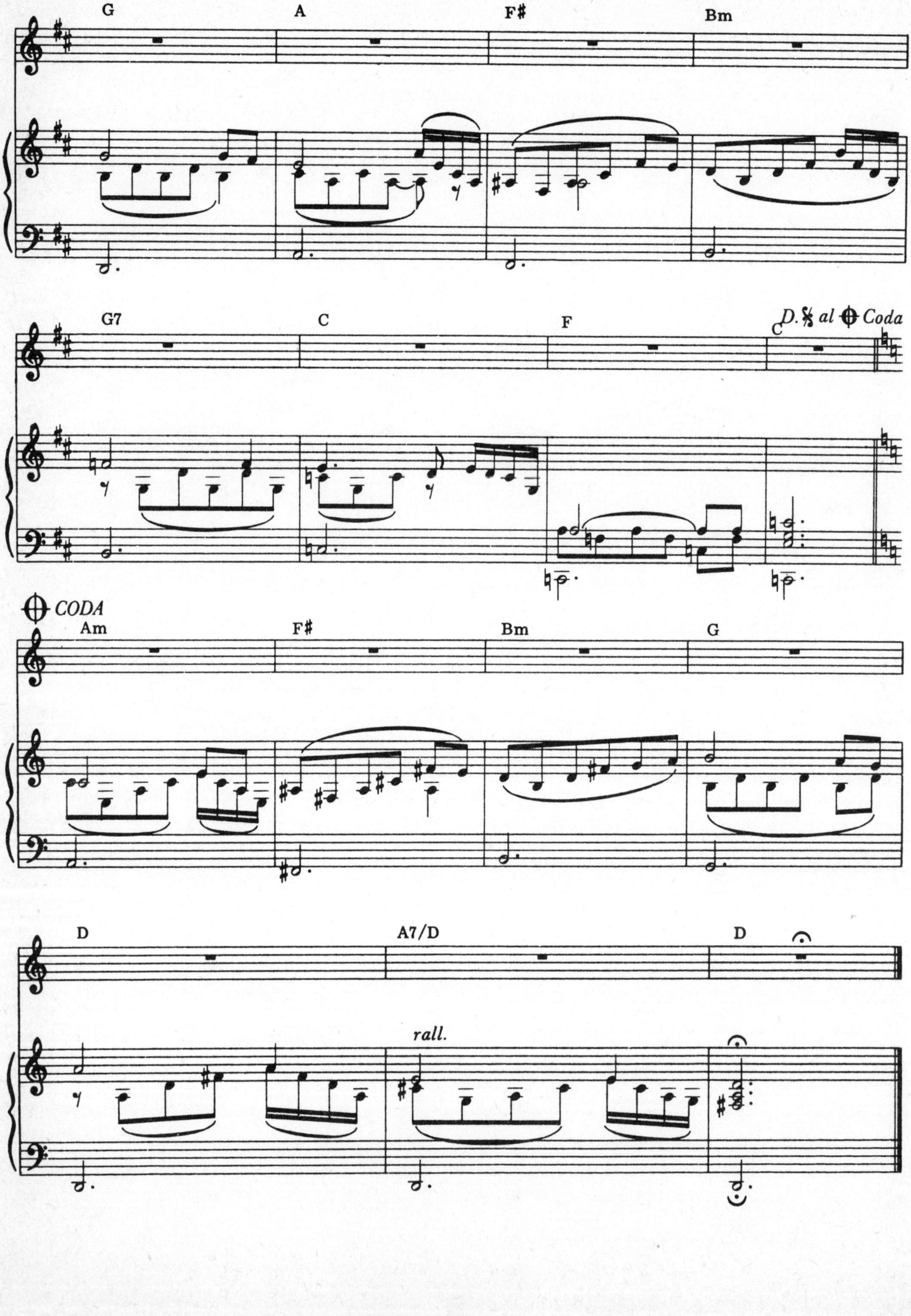
G
A
F♯
Bm
G7
C
F
C
D.𝄋 al 𝄌 Coda
𝄌 CODA
Am
F♯
Bm
G
D
A7/D
D
rall.

# Rainbow.

ORIGINAL WORDS BY MICHAEL KUNZE.
ENGLISH WORDS BY BRYAN BLACKBURN. MUSIC BY WERNER SCHARFENBERGER.

Moderato

VERSE

Ev - 'ry-thing was wrong then you came a - long
Now when show - ers fall I don't mind at all

Bb    F    Gm    Bb

Now in ev - 'ry way each day is bright - er
What is there to fear if we're to - geth - er?

Eb    Bb    C    F7

When you hold me near clouds all ___ dis - ap - pear
Clou - dy it may be but when you're ___ close to me

Bb    F/A    Gm    Bb/F

Rain - y days are done and here____ comes the sun
With your hand in mine and the sun's____ gon - na shine

Eb    Bb/D    F7    Bb

CHORUS

There's a rain - bow____ in the sky____

Bb

Rain - y days____ are far a - way____ now we've

F7

found love,____ you and I,____ Ev - 'ry day's____

Cm7 F7

164

a sun-ny day_____ There's a rain-bow____ high a

Eb/G  F7     Bb                              F7      Bb

bove,_____ bright and shin - y as our love_____

Eb

Tho' each day___ be - fore me may be grey___

E      F7                                        Bb

and stor-my  your  smile__ will make the rain  go._____

Eb                              F/A  Bb

165

No more storm - y weath-er we be - long ___ to-geth-er like the

F7    Bb    Gm    Eb

**1**

col-ours of  a  rain - bow.

F7    Bb  Eb/Bb    Bb7/Bb    Eb/Bb

**2**

rain - bow    There's

F7/Bb  Bb    Fm    G    C/G

a    rain - bow ___ in the sky ___

G7    C

Ev - 'ry cloud ____ that pass - es by _____

has a sil - ver lin - ing while our love ____ is shin - ing

like that rain - bow in the sky _____

*Repeat and fade.*

like that rain - bow in the sky. _____

# You're The First, The Last, My Everything.

WORDS & MUSIC BY BARRY WHITE, TONY SEPE & P. STERLING RADCLIFFE.

Moderately, with a beat

(Spoken:) We got it together, didn't we ... nobody but you and me ...
we've got it together, babe ...

*mf* Background for recitation (repeat as necessary)

No chord

The first, my ___ last, my ___ ev - 'ry - thing

and the an-swer to\_\_ all \_\_ my dreams,

You're\_\_ my sun, my\_\_ moon, my guid-ing

star, My kind of won-der-ful, that's what you

are. I know there's on - ly, on-ly one like you,\_\_

There's no way____ they could have made____ two.

You're...you're all I'm liv-ing for,____

Your love I'll keep for-ev - er more, You're____ the first, You're____

the last, My ev - 'ry-thing.

The First,

The Last,— My Ev-'ry-thing.

2nd Chorus:

In you I find so many things,
A love so new only you could bring.
Can't you see if you . . . you make me feel this way,
You're like a fresh morning dew
Or a brand new day.

I see so many ways that I
Can love you till the day I die.
You're my reality,
Yet I'm lost in a dream.
You're The First, The Last, My Everything.

# Heart Of Gold.

WORDS & MUSIC BY NEIL YOUNG.

**Moderately slow**

I wan-na live, I wan-na give, I've been a min-er for a Heart Of Gold.__

It's these ex-press-ions__ I nev-er give that keep me search-in' for a Heart of Gold,_____

And I'm get-tin' old._____ Keep me search-in' for a Heart of Gold,_____

And I'm get-tin' old. _____

I've been to Hol-ly-wood, ___

I've been to Red-wood,

I'd cross the o-cean for a Heart Of Gold, ___

I've been in my mind, ___

It's such a fine line

that keeps me search-in' for a

Heart Of Gold, _____

And I'm get-tin' old. _____

Keeps me search-in' for a Heart Of Gold, _____ And I'm get-tin' old. _____

Keep me search-in' for a Heart Of Gold, ___ You keep me search-in' and I'm

grow - in' old. ___ Keep me search-in' for a Heart Of Gold, ___ I'm

I've been a min - er for a Heart Of Gold. _____

# Where Is The Love.

WORDS & MUSIC BY RALPH MacDONALD & WILLIAM SALTER.

You told me that you did-n't love him;
If you had had a sud-den change of heart
Oh, how I wish I'd nev-er met you

And you were gon-na say good-bye;
I wish that you would tell me so;
I guess it must have been my fate

But if you real-ly did-n't
don't leave me hang-ing on to
to fall in love with some-one

mean it.
prom - is - es
else's love

Why did you have to lie.
You've got to let me know.
all I can do is wait.

*to Coda*

do do do do do do do do

do do do do —— do do — do;    do do do do ——

Ab maj7   Db7   Gb maj7

Cb maj7   Bb7sus   *D.S. al Coda*

do  do  do    do —— do. ——

CODA

Bb7sus

—— That's all I __ can do    yeah,__ yeah, yeah.

Eb    Eb7    Ab    Db7

Where is the love; __ where is the love; __ where is the love; __ where is the love.

*Repeat and fade*

# Nothing Rhymed.

WORDS & MUSIC BY RAY O'SULLIVAN.

If I give up the seat I've been sav-ing, to some el-der-ly la-dy or man, Am I be-ing a good boy, am I your pride and joy, moth-er, Please, if you're pleased, say I am. And if while in the course of my du– ty,     I per-form    an un-for - tun -ate take,     Would you

Cm7     G7     Cm7     Ab

pun-ish me so, un-be-liev– ab- ly  so, nev-er a - gain will  I make that mis-take.     This

Bb7     Bb9     Eb     Fm7     Bb7 Eb

feel-ing in-side me could nev-er de-ny me the right  to  be  wrong if    I  choose;     And this

Bbm7     Eb9     Eb7     Ab

pleas-ure I get from say, win–ning a  bet, is  to     lose.

Abm7     Eb     F7     Db

When I'm    drink-ing my Bon- a -parte shan-dy,    eat-ing

more than e-nough ap - ple pies,    Will I glance at my screen and see real hum-an be-ings, starved to

death right in front of    my eyes.    Noth-ing

old, noth-ing new, noth-ing ven-tured,    noth-ing gained, noth-ing still-born or lost,    Noth-ing
good, noth-ing bad, noth-ing ven-tured,

Eb    Cm7    G7    Cm7    Ab    Bb7    Eb

Fm7    Db    Eb

Cm7    G7    Cm7    Ab

fur-ther than proof, noth-ing wild-er than youth, noth-ing old-er than time, noth-ing sweet-er than wine, noth-ing

Bb7    Bb9    Eb    Fm7    Bb7

**To Coda** ⊕

phys-ic -'lly, reck-less-ly, hope-less-ly blind, noth-ing I could-n't say, noth-ing why, 'cos to-day, noth-ing

Cresc.

Gm7    G7    Cm7    Fm7    Bb11

rhymed._____    This feel-ing in-side me could nev - er de - ny me the

Eb    Bbm7

right to be wrong if I choose;    And this pleas-ure I get from say, win-ning a bet, is to

Eb9    Eb7    Ab    Abm7    Eb

181

lose.

D.S. al Coda

F7    Db

⊕ CODA

rhymed.

Eb    (ped D)

Cm7

Molto rall.

Ab    Bb11    Eb6

# If You Leave Me Now.

WORDS & MUSIC BY PETER CETERA.

leave me now, __ you'll take a - way __ the (1) big - gest part __ of me. __  Ooh, __

(2) ver - y heart __

Bmaj7      G#m7      D#m7

no ba - by please __ don't go. __      And if you

G#m7    Csus4      F#      B      F#  B

Ooh, __    girl, I just want you to stay. __

B      G#m7    C#7      F#      B    F# B

A love like ours is love that's hard to find. How could we let it slip a-way? We've come too far to leave it all be-hind. How could we end it all this way? When to-mor-row comes then we'll both re-gret the things we said to-day

If you leave me now you'll take a way the big gest part of me.

Bmaj7    G#m7    D#m7

Ooh. no, ba by, please don't go.

G#m7 Csus4    F#    B    G#m7 C#7

Ooh, girl, I've got to have you by
Sweet ma ma, I just got to have your

F#    B    G#m7    C#7    F#

*Repeat and fade*

my side.
love in side.

Ooh,

B    G#m7 C#7    F#    B

185

# Angie Baby.

WORDS & MUSIC BY ALAN O'DAY.

**Moderately slow**

Tacet

*mp*

Guitar → Em7
(capo 3rd fret)

Piano → Gm7

live   your   life   in   the   songs   you   hear   on   the   rock-and-roll   ra-di-
Lov-ers ap- pear   in   your   room   each   night   and they   whirl   you   'cross the
head- lines   read   that   a   boy   dis- ap-peared,   and   ev- 'ry-one   thinks   he

o, ___   and   when   a   young   girl   does-n't   have   an- y   friends   that's   a
floor, ___   but they   al- ways   seem   to   fade   a- way   when   your
died ___   'cept   a   cra- zy   girl   with   a   se- cret   lov-er   who

really nice place to go. Folks hop-in' you'd
dad-dy taps on your door. An-gie girl, are
keeps her sat-is-fied. It's so nice to

turn out cool, but they had to take you out of school. You're a
you all right? Tell the ra-di-o good-night.
be in-sane; no one asks you to ex-plain.

lit-tle touched, you know, An-gie ba-by.
All a-lone once more, An-gie
Ra-di-o by your side, An-gie

ba-by.

An - gie ba - by, you're a spe - cial la - dy

liv - in' in a world of make be - lieve, _____ well, _____

*To Coda*

may - be.

Stop - pin' at her house is a neigh - bor boy with e - vil on his

188

'cause he's been peek-in' in An-gie's room at night through her win-dow blind.____ "I see your folks have gone a-way. Would you dance with me to-day? I'll show you how to have a good time,____ An-gie ba-by."

When he walks in her room he feels con-fused like he

walked in-to a play,__ and the mu-sic's so loud it spins him a-round till his

soul has lost its way.__ And as she turns the

vol-ume down, he's get-ting small-er with the sound;

190

it seems to pull him off the ground. Toward the ra - di -

o he's bound, nev - er to be found.

*rit.* *mp a tempo*

*D. S. ℅ (no repeats)*
*al Coda*

Coda

The

Well,

*Repeat and fade*

may - be.

Well,

*Repeat and fade*

191

# Rocky Mountain High.

WORDS & MUSIC BY JOHN DENVER & MIKE TAYLOR.

Moderato

He was born in the sum - mer of his twen - ty sev - enth

year, Com - in' home to a place he'd nev - er been be - fore

He left yes - ter - day be - hind him, you might

say he was born a - gain  You might say he found a

key for ev' - ry door. _____  When he

first came to the moun - tains,  His life was far a -

way  on the road  and hang - in' by a

Cut to ✱ 3rd time

Fm7   Db   Bb7   Eb

Fm7   Ab   Bb7

Eb   Fm7

Db   Bb7   Eb

song,_____ But the string's al-read-y bro-ken, and he does-n't real-ly care It keeps chang-in' fast, and it don't last for long._____ But the
(2.3.) And the

Fm7     Ab     Bb7     Eb

Fm7     Db     Bb7

Eb     Fm7     Ab     Bb11

CHORUS

Col - o - ra - do Rock - y Moun - tain High _____ I've

Ab     Bb7     Eb

194

seen it rain - in' fire in the sky _____ The

Ab    Bb7    Eb

sha - dow from the star_____ light is soft - er than a lull - a -
(last time Friends a - round the camp - fire, and ev - 'ry - bod - y's
only)

Ab    Bb7    Eb    Ab/Eb

*To Coda* ⊕

by, _____ Rock - y moun - tain
high, _____ Rock - y moun - tain

Ab    Bb7

high. _____ | **1-2** | **LAST** | **LAST CHORUS**
(2) He _____ It's a
(3) Now his

*D.S. al Coda*

Eb

195

2. He climbed cathedral mountains, he saw silver clouds below
   He saw everything as far as you can see
   And they say that he got crazy once
       And he tried to touch the sun
   And he lost a friend but kept his memory.

   Now he walks in quiet solitude the forests and the streams
   Seeking grace in every step he takes
   His sight has turned inside himself to try and understand
   The serenity of a clear blue mountain lake.

   Chorus
       And the Colorado Rocky Mountain High
       I've seen it rainin' fire in the sky
       You can talk to God and listen to the casual reply
       ROCKY MOUNTAIN HIGH.

3. Now his life is full of wonder
       But his heart still knows some fear
   Of a simple thing he cannot comprehend
   Why they try to tear the mountains down
       To bring in a couple more
   More people, more scars upon the land.

   Chorus
       And the Colorado Rocky Mountain High
       I've seen it rainin' fire in the sky
       I know he'd be a poorer man if he never saw an eagle fly
       ROCKY MOUNTAIN HIGH.
           (to Last Chorus)

# And I Love You So.

WORDS & MUSIC BY DON McLEAN.

How lone - ly life has been,  But life be - gan a - gain,
And once a page is read,  All but love is dead,

The day you took my hand.  _____ And, yes, I
That is my be - lief.  _____

know how lone - ly life can be, _____ The shad-ows fol-low
(love - less)

me and the night won't set me free. _____ But I don't

198

Dm7 · · · · · · · · · · · · · · · · · · · · · · · · · ·
let the eve-ning get me down, (bring) Now___ that you're a-

G7  G7-9  1. C  C6  C  C6  2. C  C6  C  C6  D.S. al Coda
round  me.___  me.___

Coda  F  G7  C
I tell them_____ I don't know._____

Tacet  rit.

199

# Laughter In The Rain.

WORDS & MUSIC BY NEIL SEDAKA & PHILIP CODY.

**Moderato**

1. Strol - ling a - long_ coun-try roads_ with my ba - by
2. Af - ter a while we run un - der a tree_
3. *Instrumental*_

it starts to rain_ it be - gins_ to pour    With - out an um - brel - la we're soaked_
I turn to her_ and she kiss - es me    There with the beat_ of the rain_

_ to the skin_    I _ feel a shiv - er run up _ my spine
_ on the leaves    Soft - ly she breathes and I close _ my eyes

1. I feel the warmth of her hand ____ in mine ____
2. Shar- ing our love un-der stor - my skies ____
3. I feel the warmth of her hand in mine ____

Dm7    G7sus4    Gm7    C7

Oo ____ I hear laugh - ter in the rain walk - ing hand in hand with the one ____

Bbm7    Eb7    Abmaj7    Fm    Bbm7    Bbm7/Eb

____ I love. Oo ____ how I love ____ the rain - y days and the hap-

Ab    Bbm7/Eb    Eb7    Abmaj7    Fm7

1.2    3    D.S. and fade

-py way I feel in - side. ____

Db    Csus4    C7    Csus4    C7

201

# After The Gold Rush.

WORDS & MUSIC BY NEIL YOUNG.

Moderato

*mf*

Well, I dreamed I saw the knights in ar - mour come, say - ing

Eb          Ab

some - thing a - bout___ a queen;___ There were peas - ants sing - ing, an'

Eb          Ab          Eb     Eb          Eb
                                  (sus 4)

drum - mers drum - min', and the arch - er split___ the tree. There was a fan -

Bb          Eb   Ab          Bb7

-fare blow-in' to the sun,___ that was float-ing on the breeze,___

Eb        Db  Cm   Db    Cm  Bb7   Eb   Ab  Cm

___ Look at Moth-er Na-ture on___ the run___ in the

Db              Eb              Ab   Eb      Bb

nine-teen sev-en-ties.___ I was ly-ing in a burned out base-

Eb       Ab                           Cm Bb7   Eb

-ment,___ with the full moon in___ my eyes,___ I was

Ab              Eb              Ab

203

hop-ing for a re-place-ment when the sun burst thru' the sky; There was a band

play-in' in my head, and I felt like get-ting high

Think-ing a-bout what a friend had said I was hop-ing it was a lie. Well, I

dreamed I saw the sil-ver space-ships fly-in' in the yel-low haze of the sun, There were

204

chil - dren cry - in', an' ban - ners fly - in' all a - round the chos - en one,___ all in a dream,___

Eb          Bb          Eb Ab          Bb7

___ all in a dream___ the load - ing had be - gun___

Eb          Db Cm Db          Eb Ab Cm          Db

fly-ing Moth-er Na-ture's sil - ver seed___ to a new home in the sun,___

Eb          Ab Eb Bb          Eb Ab

Fly - ing Moth- er Na - ture's sil - ver seed___ to a new home in the sun.___

*rall.*

Eb          Ab Eb Bb          Eb Ab

205

# Beautiful Noise.

WORDS & MUSIC BY NEIL DIAMOND.

Moderately

Tacet

What a beau-ti-ful noise com-in' up_ from the street;_

got a beau-ti-ful sound,_ it's got a beau-ti-ful beat._

It's a beau-ti-ful noise___ go-in' on___ ev-'ry-where,___

like the click-e-ty-clack___ of a train___ on a track___ it's got rhy-thm to spare.___

It's a beau-ti-ful noise___

and it's a sound that I love, and it fits me as

well ... as a hand in a glove, yes it does,___ ___ yes it does.___ What a beau-ti-ful noise com-in' up from the park;___ it's the song of the kids___ ___ and it plays___ un-til dark.___ It's the song of the

cars
noise

on their fu - ri - ous flights, ___
made of joy and of strife, ___

but there's e - ven ro - mance ___ in the way ___ that they dance ___ to the beat ___ of the lights. ___
like a sym - pho - ny played ___ by the pass - ing pa - rade ___ it's the mu - sic of life. ___

It's a beau - ti - ful   noise

and it's a sound that I   love

and it fits me as well ___
and it makes me feel good ___

F
G
C/G
G
as a hand in a glove,
like a hand in a glove,
yes it does,
G
C/G
G
G
C/G
G7
C/G
G
yes it does.
What a beau-ti-ful
C
G
noise
com-in' in-to my room
and it's beg-gin' for
G7
C
me
just to give it a tune.
3
rit.

# The Candy Man.

WORDS & MUSIC BY LESLIE BRICUSSE & ANTHONY NEWLEY.

**Verse**

**Ad lib. (not too slowly)**

I can't stop eat-ing sweets! All those won-der-ful Wil-ly Won-ka treats.

**A little slower**

You can keep the oth-ers, 'cause me, I'm a Won-ker-er.

**1st Tempo**

When it comes to

Gmaj7 E7-9 Am7 D7 Dm7/G G7sus G7
can - dy, Wil - ly's the con - quer-or.
rall.
Refrain-Moderato, joyfully
Cmaj7 C6 Cmaj9 A7-9 Dm7 G7
Who can take a sun - rise sprin - kle it with dew,
Who can take a rain - bow wrap it in a sigh,
mp
Gm7 C7 Fmaj7 Bb9 C/G Am7
cov - er it in choc - 'late and a mir - a - cle or two?
soak it in the sun and make a straw - b'ry lem - on pie? The
R.H.
Am7/D D7 Dm7/G C F/G
can - dy man, (The can - dy man, the can - dy man can. the
p
mp
p

C   Am7   D7sus  D7   Dm7/G

can - dy man can.) The can - dy man can 'cause he mix - es it with love and makes the

1.
Cmaj7   F/G  Cmaj7  Dm7/G

world_taste good._____

2.
Cmaj7   F/G  C  C7sus C7

world_taste good._____   The

Fmaj7    F#o    C/G  GnoD Cmaj7  C6

can - dy man makes ev - 'ry-thing he bakes sat - is fy - ing and de - li - cious.

F#m7-5  B7+ B7+(-9) Em Em7 Em7/A A7-9 Dm7 Tacet Bb7 A7 Ab7-5 G7 Tacet

Talk a - bout your child-hood wish - es! You can e - ven eat the dish - es!

213

Who can take to-mor-row,____

dip it in a dream,_____ sep-a-rate the sor-row and col-

lect up all the cream? The can-dy man,____ (The can-dy man, the can-dy man can.____ the

can-dy man can.) The can-dy man can 'cause he mix-es it with love and makes the

1.
Cmaj7 F/G C C7sus C7
world_ taste good.
The
2.
Cmaj7 C C6
world_ taste good.
rall.
Very slowly, ad lib.
Am9 Am7 D7sus D7 Dm7/G Dm9/G Dm7/G
And the world tastes good 'cause the can - dy man thinks_ it
mp
p
rall.
Moderato
Bb (Add C)
C (Add D)
should.
f
mp
Bb (Add C)
C (Add D)
Repeat and fade out
dim. poco a poco

# Circle.

WORDS & MUSIC BY HARRY CHAPIN.

CHORUS

All my life's a cir - cle, Sun-rise and sun-down,

(Second time straight chords)

D    Dmaj7    D6    Dmaj7    D    Dmaj7

The moon rolls thru' the night - time, Till the

Em    Em6    Em7    Em6    Em    Em6

day break comes a - round. ___ All my life's a cir-

D    Dmaj7    D6    Dmaj7    D    Dmaj7

- cle,_____ But I can't __ tell you why_____ The

D6    Dmaj7    D    Dmaj7    Em7

sea - sons spin-ning round_____ a - gain_____ The years keep rol - ling

A                    G    A

by.

VERSE

It seems like I've been here __
I've found you a thous-

D    Dmaj7                    D    Dmaj7

___ be - fore    I can't re - mem - ber    when, ___    But I've
- and times    I guess you've done the    same____    But

D6    Dmaj7    D    Dmaj7    Em    Em6

217

got this  fun-ny  feel - ing  That I'll  be  back  once a - gain, ___
then we'll  lose each oth - er  It's  just  like  child-rens' games.

Em7    Em6    Em    Em6    D    Dmaj7

There's no straight lines make up ___ my life ___ And
And  as  I  see  you here ___ a - gain ___ The

D6    Dmaj7    D    Dmaj7    D6    Dmaj7

all  my  roads have bends, ___  There's no clear cut be-gin
thought runs thru' my mind, ___  Our love is like a cir-

D    Dmaj7    Em7

To 𝄋 repeat Chorus for fade

- nings, ___  And  so  far  no ___ deep  ends.
- cle, ___  Let's  go round  one ___ more  time.

A    G    A    D    Dmaj7

218

# Don't Go Down To Reno.

WORDS BY PETER CALLANDER. MUSIC BY MITCH MURRAY.

(1) In Re-no Town for a few dol-lars down you can buy your-self a sep-ar-a tion. And say good-bye to the love and the life that we shared to-geth-er.

(2) Try to re-mem-ber the day when the bells were chim-in',

Sign it a-way with a stroke of a ho-tel pen.
Pic-ture the clothes that I wore and I know you'll smile.

All of the dreams that we had will be gone for-ev-er,
Think of the nights when we knew that our star was climb-in',

I can't be-lieve we're through, — I won't give up on you. —
I can't throw that a-way, — I've got to make you stay. —

Chorus

How can I stand a-side — and watch a

good love die? — Don't go down to Re-no, stay an-oth-er night. —

* N.B. Two extra bars on repeat

220

One night and you may find___ I'll make you change your mind,___ Don't go down to Re___no, stay a lit-tle bit long___er.

Gm7   C   C7   Fmaj7   G7   G11   G7   G9   F6/C   C

C

*For finish repeat chorus & fade.*

*D.S.*
*for verse 2.*

# Good Old Fashioned Music.

WORDS & MUSIC BY GARY SULSH & STUART LEATHWOOD.

Moderato (Country Style)

Na na na na na na na na na na na na na na na

na na na na na na na na na ____

VERSE 1

Ev-'ry eve - nin' 'bout ten m' dad-dy calls the fam'ly in ____

Ma-ma sits at pi-a-no ____ 'n' pa-pa plays along with his lit-tle tin flute_ Then

El-la gets a sax - o-phone _____ ol' Joe brings his slide trom-bone. With

my gui-tar_ I keep pace _____ and then gramp starts us off with his li-quor jug bass It's

D                    A                    D                    Bb        C

CHORUS

good old fash-ioned mu - sic_____ good old coun-try song_

D                    G

Play it to the gen - try_____ ev - 'ry-bo-dy sing a -long_

A                    D

That's the way___ we choose___ it ___ back where I be -long___

D                                    G

Good old fash-ioned mu - sic good old coun - try song___

A                                    A        D

Na na na na na na na na na na na na na na na na

A                                    G

na na na na na na na na na ___

A                                    D

VERSE 2

Give your legs a treat___ oh stom-pin' to the beat___ The

D             G

mu - sic's kind - a sas - sy - oo___ but it's no-thin' hard___ and noth-in' clas - sy

A             D       Bb     C

Bring the kids___ a - long___ we got-ta get 'em while they're young And

D             G

ev - en if they're ag - in' come on! join in now___ the par- ty's ra - gin' It's

A             D       Bb     C

CHORUS

good old fash-ioned mu - sic___ good old coun-try song___

D                                              G

Play it to the gen - try___ ev - 'ry-bo - dy sing a-long___

A                                              D

That's the way___ we choose___ it___ back where I be - long___

D                                              G

For Fade | Finish

Good old fash-ioned mu - sic good old coun-try song___ ___

A                          A            D           D

226

# Gonna Make You An Offer You Can't Refuse.

WORDS & MUSIC BY JOHN WORTH.

Slow tempo

♩ = 76

Gon-na make you an of-fer you can't re-fuse__ gon-na put my fin - ger on you    'Cause I

Bb        C7        Am7        Dm7

need you so__ and I won't take no__ for an an - swer    In my life I've had__ a time__
Got a feel-ing deep in - side__

Gm7        C9 sus4        F        F

had to fight for what__ was mine_____    And I don't in - tend__ to lose my pride__
that I need you by__ my side_____    And I won't let up__ un - til I do.

G7        Bbm        F

But ev - 'ry time I look__ at you___        and the beau - ti - ful things__ you do__
Yes I know I made you smile__        but things will change in a lit - tle while__ 'Cause I

G7

ev-'ry sin-gle nerve in my bo-dy says hold it down_____ So now I'm
nev-er say a thing I__ mean__ that don't come true_____ Be-lieve me

*Bbm*                *F*

put-ting a-bout the fev-ered word that what must be must be
I don't want to hurt__ you but my heart won't set you__ free

*Gm7*        *C7*           *F*

Did-n't you know__ that you be-long_____ to me Go - na
Sure-ly you know__ that you be-long_____ to me

*Gm7*               *C9 sus4*        *C*

make you an of-fer you can't__ re-fuse__ gon-na } put my fin-ger on you Like a
put my fin-ger on you 'Cause I

*Bb*          *C7*          *Am7*          *Dm7*

To Coda ⊕
on repeat 1

pup -pet thing___ when I pull the string___ you're a danc- er Gon - na
need you so___ and I won't take no___ for an (I'm Gon - na)

Gm7     C9 sus4     F     Fmaj7

2

an - swer          Did you ever sit          waiting, hoping

*2nd time only spoken*

F     Fmaj7     F6     Bbmaj7     C7     Am7     Dm

1

wanting something that's never gonna be

Gm7     C9 sus4     F

2          D.S. al Coda %          ⊕ CODA          D. %% Repeat and Fade

an - swer     I'm___ gon-na

F     F

229

# Hang On In There Baby.

WORDS & MUSIC BY JOHNNY BRISTOL.

wait till we've reached
We can't help\_\_ but make\_\_ it
that sweet
'cause there's

mo - ment of \_\_ sur - ren - der.
true love be - tween us girl.
Man, we'll
so

hear the thun - der roar.\_\_
let us touch that cloud.\_\_
Feel the light - ning strike \_\_
Ev - 'ry girl dreams of \_\_

\_\_\_ at a point we both \_\_ de - ci - ded to meet\_\_ the
\_\_\_ Oh, we're al - most there \_\_\_\_ dar - ling; we're

same time \_\_ to - night.\_\_ Hang on in \_\_ there ba - by.
tru - ly mak - ing love.\_\_ Hang on in \_\_ there ba - by.

Hang on in \_\_ there doll.\_\_ I'm gon-na give you more\_\_ than you
Please don't let \_\_ me down. \_\_ Please don't des - troy \_\_ this

1.
ev - er dreamed pos - si - ble.\_\_

2.
new joy we've found.\_\_

231

D
Bm7
What's that now baby. What's that you say
Don't fight it baby. Open up the door.
Em7
'Cause that's the key to the freedom that we
Something's eatin' at you and it's
1. G6 (A bass) A9
'bout to get away.
2. G6 (A bass) A7
both been working for. Let it
D
Bm7
go baby. Let it go honey. Oh
Em7
G6 (A bass)
Right there, right there, baby don't you move it anywhere.
F
Dm7
Hang on in there baby. Hang on in there doll.
Gm7
Bb
Bb C7
(C bass)
I'm gonna give you more than you ever dreamed possible.
Repeat and fade

# Home Lovin' Man.

WORDS & MUSIC BY TONY MACAULAY, ROGER GREENAWAY & ROGER COOK.

Slow beat

VERSE

The har-bour lights were shin - in' the moon was in its high The
crowd up - on the quay sighed their fa - ces long and drawn Were

Bb    Cm7

Cap - tain said thank God we're home we've drunk the bar - rels dry The
sud - den - ly a - wak -ened as we sailed in on the dawn The

F7    Bb

miz-zen mast was shak-in' and the lan - terns all burned low I
wives and sons and lov-ers who nev - er gave up hope All

Bb    Cm7

nev - er thought we'd make it _____ but we've twen - ty leagues to go         So
breathed a sigh to - geth - er _____ as they reached to catch the rope         God

F7                                                                    Bb

blow you South - ern trades and guide me safe - ly _____ to the shore         I'm
Bless you South - ern trades you got me safe - ly _____ back this time   Though you'll

Dm7                                                                   Gm

nev - er ev - er gon - na sail the sev - en seas no more _____         I
nev - er have the need a - gain to save this soul of mine _____

C7                                    F                              F7

§ CHORUS

know I'm gon - na miss the sand _ in my hair _____ the roll of the tide ___ and a song ___ in the air ____

Bb                          Bbmaj7                    Dm                    Eb

234

Deep in-side —— it's true —— I'm a home —lov-in' man —com-in' on home — to you I

Cm7                    F7          Cm7                F7  Bb  F7

know I'm gon-na miss the wind — in my eyes —— the shim-mer of lights—when the sea-gull —— flies ——

Bb              Bbmaj7          Dm              Eb

Tho' I've trav-elled far ——— I'm a home —lov - in' man —— and home is where —you

Cm7                    F7          Cm7                F7

1                              2        D.%. and Fade

are ———————————— The ——— I

Eb/Bb              Bb          Eb  F7  Bb

235

# I Can't Stand The Rain.

WORDS & MUSIC BY DON BRYANY, ANN PEEBLES & BERNARD MILLER.

Slowly

mf

CHORUS

I can't stand the rain,_____ a - gainst my win - dow_____
a - gainst my win - dow_____

G

bring - ing back sweet mem - or - ies._____ Hey win - dow
bring - ing back sweet mem - or - ies._____ I can't stand the

C7                                          G

pane       do you re - mem - ber_____    how sweet it used to be?__
rain   a - gainst my win - dow_____       'cos he's not there with me.

G                                          C7

VERSES

When we was to -geth - er,
Wo - o emp - ty pil - low

ev - 'ry thing____ was so grand,
where his head____ used to lay,____
Now that we've par -
I_____ know you got____

ted____ there's just one sound that I just____ can't
____ some sweet____ mem-or-ies, but like the win - dow you ain't got

1
____ can't____ stand____ I can't stand the rain____ noth - ing to say____

2
I can't stand the rain__

G    F    G    Bb    Am7    D7    D7

237

CHORUS
a-gainst my win-dow
bring-ing back sweet mem-or-ies.
G
C7
I can't stand the rain
a-gainst my win-dow
G
just keeps on haunt-ing me.
Yeah
rain get off my
C7
G
G
Repeat and fade 2nd time
win-dow
'cos he's not a here with me.
I can't stand the
G
C7
G

# Longfellow Serenade.

WORDS & MUSIC BY NEIL DIAMOND.

Moderato

*mf*

1. Long - fell - ow ser - en - ade

F

Such were the plans_ I'd made

Bb   F   Bb   F

for she was a la - dy, and I

she was a la - dy as deep

Bb   F   Bb   F

was a dream - er / with on - ly words to trade,_ / you know that I was
as the riv - er / and thru' the night we stayed_ / and in my way I

Bb    F

born for a night like this_ / warmed by a stol - en kiss_
loved her as none be - fore_ / loved her with words, and more

Bb

for I was lone - ly,_ / and she was
for she was lone - ly,_ / and I was

F          Bb   F

CHORUS

lone - ly._ }
lone - ly._ }                    Ride,

C7                               F

240

Come on,— ba-by ride—                          let me make your dreams

F          Fmaj7          F7

— come          true.

Bb          F          C

I'll sing— my          song          let me sing my          song—

Bb     C9     F

— let me make it     warm—

Fmaj7          F7          Bb

241

for you. I'll

F C

weave this web__ of rhyme up-on the sum-mer night__
*(last time)* (your) (our)

F B♭

we'll leave this world-ly time____ on this wing-ed flight,
(your)

C7

then come and as__ we lay

F

be-side this sleep-y glade,___ there I___ will sing___

F7          Bb

___ to you___ my Long-fel - low ser-en-ade.

F                        C7                        F

**1**

(2) Long-fel-low ser-en-ade___

Bb  Cm  Bb        F                        F

**2**          *D.S. and fade*

such were the plans I made___ but

Bb     F                        Bb          C7

# Layla.

WORDS & MUSIC BY ERIC CLAPTON & JIM GORDON.

Verse

1. What-'ll you do — when you get lone-ly,
2. Tried to give you con-so- la-tion,
3. Let's make the best of the sit - u - a - tion,

C    C#m    G#m

with no - bo - dy wait____in' by your side?
your old man won't let you down.
be-fore I fin - ally go in - sane.

C#m    C    D    E    E7

You've been run-nin'    and hid - in' much too long,_____
Like a fool    I fell in love with you,_____
Please don't say    we'll nev - er find a way,_____

F#m7    B7    E    G#m    C#m

Refrain

you know it's just — your fool-ish pride.
turned the whole world up-side down.    Lay - la _____ you
and tell me all — my love's in vain.

F#m    B7    E    Dm    Bb

245

got me on my knees: Lay - la _____ I'm beg-gin' dar—lin' please:\_ Lay -

C    Dm    Dm    B♭    C    Dm

*To Coda* ⊕

\- la _____ Dar-lin' won't you ease my wor-ried mind. _____

Dm    B♭    C    Dm    Dm    B♭

**1.2.**    **3.**    *D.S. al Coda*    ⊕ *CODA*

Lay -

C    C    Dm    C    Dm

Repeat ad lib for fade.

Dm    B♭    C    Dm    Dm    B♭    C    Dm

246

# A Little Lovin'.

WORDS & MUSIC BY NEIL SEDAKA & PHIL CODY.

Moderato with a strong beat

Ma - ma raised me to be a____ man,

told me "Son, you have to un - der - stand____ got to get while the

get-ting's good____ and bring it back to the neigh - bour - hood", and I swear

I was there___ tell___ me why should I lie?

C    Am    C

I just___want to say___ a lit - tle lov - in' goes a

Am    F    G Tacet_____*

long, long way.___    (2) Un - cle Hen - ry and cous-

C    C

- in Grace    used to week-end down___ our place,___

E7

Grace and I would go be - hind the barn___ we al - most burnt the damned

F                                                    Cdim

___ thing down, and I swear___ I was there___ tell___

C                                                    Am

___ me why should I lie?___ I just___ want to say___

C                    Am                    F

a lit - tle lov - in' goes a long, long way.___

G Tacet_____ * C

249

Ah _____ oh _____ ah _ oh _ I need your lov - in', just _

Abmaj7    Gm7    C

_ a lit -tle lov - in', I need your lov - in', just _ a lit -tle lov - in'

Eb

To Coda ⊕

a lit -tle lov - in' each and ev - 'ry-day, A lit - tle lov -in' goes a

F7    C Tacet _____

D.S. (no repeat) al Coda

long, long way, long way.

* G7

250

**CODA**

long, long way.

I need your lov - in' just___ a lit - tle lov - in',

C

I need your lov - in', just___ a lit - tle lov - in', a lit - tle lov - in' each and

Eb                                                                F7

*Repeat and fade*

ev - 'ry-day         a lit - tle lov - in' goes a long, long way.

C Tacet

3. I knew a woman from New Orleans,
   Her old man used to treat her mean
   And she would come to me for sympathy
   Southern comfort and ecstasy;
   And I swear I was there, tell me why should
   I just want to say a little lovin' goes a long, long way.

# Standing On The Inside.

WORDS & MUSIC BY NEIL SEDAKA.

Stand - ing on the out - side___

Bbm.

look - ing___ in___   You know___ it's been a

Bbm   Ab   Am   Bbm

long - time___   don't know where to be - gin___

So much I wan - na say_____ so much I wan - na do_____

Ebm

_____ Friends are tel - ling me_____

C7

it's time that you broke through

Fsus4          F7

I_____ been through the
All_____ the pho - ney

hard times_____ of search-ing souls_____
fac - es_____ stand in line_____

253

You know__ it's been a hard climb__ from rock and roll__
All__ the back slap - pers__ know my name this time__

Now I feel a need in me__
Now that I turned the lock__

Ebm

So hard__ to__ ex - plain__ Now__ I've seen the
Now that I've o-pened the door__ I won't__ be on the

F7sus4

joy and life__ and I wan-na re - main__ hey__ hey__
out - side__ no__ a - ny more__

F7

254

Stand - ing on the in - side_____ I fin-al-ly broke that line__

Db        Ab        Gb        Db

ring__ a-round the cir - cle_____ Don't you know that it feels__ so fine__

Ab        Gb        Db        F7

Ev - 'ry waking mo - ment__ I just wan - na sing the good news_____ that I'm stand

Bbm        F7        Bbm        Eb7

*To Coda* ⊕ | 1

- ing on__ the in - side__ I kicked a - way them blues__

Gb    Gbmaj7    Gb6        F7        Bbm

Bbm

D. S. al Coda

CODA

Bbm

Stand - ing on the

Repeat (vocal ad lib.) till fade

in - side____ stand - ing on the in - side____

# Summer (The First Time).

WORDS & MUSIC BY BOBBY GOLDSBORO.

Moderato

(1-3) Was a hot af-ter-noon___ the
(2) sun closed her eyes___ as it

last day in June,___ and the sun was a de - mon. The
climbed in the skies,___ and it start-ed to swel - ter. The

clouds were a-fraid,___ one-ten in the shade___ and the pave-ment was steam-in'.
sweat trick-led down___ the front of her gown___ and I thought it would melt her.

I told Bil - ly Ray___ in his red Chev - ro - let,___ need ed
She threw back her hair___ like I was - n't there,___ she

Gm7                                                F

time for some think - in';                    I was just walk - in' by___ when I
sipped on a ju - lep;                          Her shoul - ders were bare___ and I

C7                                             Gm7

looked in her eye___ and I swore it was wink - in'.
tried not to stare___ when I looked at her two lips.

F                          C7

She was thir - ty one,___ and I was sev - en - teen,___ I knew noth - in' bout love___ she knew
When she looked at me,___ I heard her soft - ly say,___ I know you're young, you don't know what to

Ebmaj                      Cm                   Dm

258

ev-'ry- thing;— But I sat down be- side her on the front porch swing,

do or say;— But stay with me un- til the sun has gone a - way,  And

*Gm7*   *Ebmaj7*   *Cm*

won-dered what the com - ing night would bring.———

I will chase the boy in you a - way.———

*D7*   *Gm*   *C/G*   *Gm7*   *C$_9^6$*

**1**   **2**

The

*C$_9^6$*   *C11*   *C7*   *C7*

And then she smiled, and we talked for a - while— and we walked for a mile— to the sea;—

*Gm*   *Ebmaj7*   *Dm*

259

We sat on the sand___ and the boy took her hand,___ but I saw the sun rise as a man.___

Ten years have gone by—— since I looked in her eye,—— but the

mem-o-ry lin-gers, I go back in my mind—— to the

ve-ry first time,—— feel the touch of her fin-gers.

Was a

*D.S. and fade*

261

# You Won't Find Another Fool Like Me.

WORDS & MUSIC BY GEOFF STEVENS & TONY MACAULAY.

Moderato

You won't find an-oth-er fool like me babe__ You know you won't__ Who'd
La la la la la la la la__ la la la__

sit a-round all night__ and wait for you_____ And close their eyes__
La la la la la__ la la la la la Give me__ just a

to oh so man-y lies No one else__ could
sign you may need me some-time I fall for that old game__

love you____ like I do____
____ you al-ways play, boy}
I wan-na tell you      you won't find an -

Gm7            Bbm            C7            F

oth-er clown_ like me, babe___      no, you won't___      I can't count the times_

F            E7            Gm7

_____ you said you'd      leave;_____      You know darn well you're fool-

A7            D7            Bb

-ing      'cos where-ev-er you may_ go      you won't find an -

Bbm            F      A7      Dm      D7      Gm

263

oth - er fool___ like me.　　　　Some-times I can't un - der - stand___

what makes me the fool___ that I am,___　　Then you touch___ my hands___

___ and sud - den-ly I know.___　　Ev - en though you

treat me like___ you do, babe___ you know you do___ I'm so hooked on you___

I can't get free_____ Oh but I'll get through the bad____

A7    D7    Bb

____ times____ 'Cos in my heart____ I know    that you won't find an -

Bbm    F    A7    Dm    D7    Gm

*D.S. al Coda*

oth-er fool____ like    me._____

CODA

me    no____ oh____

C7    F    F

you'll nev-er find an - oth-er fool____ like    me._____

D7    Gm7    C7    F

265

# You Are Everything.

WORDS & MUSIC BY THOM BELL & LINDA CREED.

Moderato

You are ev-'ry-thing      oo_____ oo_____ oo_____

Gbmaj7   Ab/Gb   Fm7   Bbm7   Gbmaj7   Ab/Gb

You are ev-'ry-thing.      To - day I saw some-bod-y who

Fm7   Bbm7   Ebm7   Gb6 Ab   Bb   Bb

looked just like you___ He walks like you do,___ I thought it was you.___

Ebm/Bb   Bb   Ebm Bb Ebm Bb   Gm   Ab

As he turned the corn-er,___ I called out your name___ I

Cm   Fm   Eb

felt so a - shamed____ when it was-n't you,_____ was-n't

**Ab**  **Eb**  **Cm**  **Db**

CHORUS

you._____ You are ev -'ry-thing and ev-'ry-thing is you, Oh____

**Bb7(sus4)**  **Bb9**  **Abmaj7**  **Bb/Ab**  **Gm7**  **Cm7**

You are ev-'ry-thing and ev-'ry-thing is you, oh____ You are ev-'ry-thing and

**Abmaj7**  **Bb/Ab**  **Gm7**  **Cm7**  **Abmaj7**  **Bb/Ab**

ev-'ry-thing is you, Oh_____ oh____ How can I for-get, when each

**Gm7**  **Cm7**  **Fm7**  **Bb11**  **C**

face that I see___ brings back mem-or-ies_____ of be-ing with you.___

Fm/C    C    Fm C Fm C    Am    B♭

Oh __ dar-ling   I just can't go on liv-in' life as I do, com-par-ing

Dm    Gm    F

each girl with you,   No_____   they just won't do,_____   they're not
(boy)

B♭    F    Dm    Eb

*Repeat ad lib. and fade*

you,    no, no, ba-by   You are ev - 'ry-thing   and   ev-'ry-thing is you,   ,Oh__

C7(sus4)    C7    B♭maj7    C/B♭    Am7    Dm7

268

# You're A Star.

WORDS & MUSIC BY TONY MACAULAY.

Moderato

Yes-ter-day__ I was hap-py to play__ for a pen-ny or two__ a song,__ Till a fel-la in a
Signed my name, an' the Fri-day came an' the song that I used to sing__ came out on a

black se-dan__ took a shine to my one man band__ he said
"for-ty five"__ a sing-ing on the T. V.__ live.__ As the

'we got plans for you__ you'd nev-er dream'__ } You're a
mus-ic played__ I heard__ the peo-ple say,__

D    A    Bm    D    G    D    Em7    E7    A7

CHORUS

star, You're a star,___ A la-mé suit___ and a new gui-tar,___ And I know___

D            A/C#                Bm              D/A

___ that you'll go far, 'cause you're a star.___                          You're a

G              A7                     D              A7

star, sup-er star___ on you go___ it's your fin-est hour___ and I know___

D            A/C#                Bm              D/A

To Coda ⊕

___ that you'll go far, 'cause you're a star.___                          (2) I

1

G              A7                     D              A7

270

The rec-ord did fine, and there came a time__ when I bought my own__ black se -

A

Bm

dan, And a piece of land__ for a home in St Georg - es Hill.__

G

E7

*D.S. al Coda* ⊕ *CODA*

A    A7

D

3.   When I'm low I'm a-happy to go
     To the street where I used to play,
     Even now it makes me laugh
     To have to sign my autograph,
     For the folks that used to drop me just a dime
        (Now they all say)                (to chorus)

271

# Let Me Be The One.

WORDS & MUSIC BY PAUL CURTIS.

**Moderato**

Let me be the one who's lov-in' you to-night,

Let me be the one who real-ly holds you tight.

I'll ev-en bring a-long a mag-ic moon just to

make you feel al-right, So let me be the one who's lov-in' you to-night.

Am    Am    Dm    G7    Cmaj7    C    Am    Dm    Ab    G7

Let me be the one who takes you by the hand

Let me be the one who al - ways un - der - stands

Ev -'ry - bod - y knows we've been good friends, but I

think the time is right so let me be the one who's lov - in' you to - night

*To Coda ⊕*

You and I _____ could
have an af - fair, _____ Make sweet mus - ic
go an - y - where, _____ Build - ing high - ways
tak - ing us there _____ As long as I know

C    C7    F    Fm    C    B    C    C7    F    Fm    C/E

274

you real - ly care_____ won't you show that you care_____ (Oh come on)

Dm    B    E    Tacet_____*

CODA

Let me be the one who's lov - in' you___ to - night.___ (to-

Ab    G7    F

-night)    to - night    (to - night)    to-

C/E

-night    (to - night)    to - night._____

Dm7    G7    C

275

# Won't Somebody Dance With Me.

WORDS & MUSIC BY LYNSEY DE PAUL.

**Moderato**

*mf* ... *rall.*

*a tempo*

(1) And now the band is play-ing ve-ry slow, And once a-gain I'll

(2) I feel so sil-ly in my pa-tent shoes, So ma-ny part-ners but

A7   Bm7   E7   A   F#m7   B7

get my coat and go, a lone-ly wall-flower wait-ing by the wall, with-out the

none of them will choose a lone-ly wall-flower grow-ing ve-ry tired, in-to the

E7   A9   F#m7   B7   E7   A9

will - power to face the mus - ic at all.

small hours and feel - ing un - de - sired.

Please

F#m7   B7   E7   A7   A+7

**% CHORUS**

won't   some-bod-y   dance   with me.   Start   up a ro-mance   with me.

B        A6                G#7(sus4)   G#7   C#m7        C#m7/B   Em6/G♮   F#7(sus4)   F#7

**To Coda ⊕**                          *1st. time*

Just   some-one to   care,—   some-one, some-where—   who will dance   with me.

(2-3) Just   some-one some-where,—   some-one who'll dare   take a chance

B   Emaj7        G#m7                C#m7              F#11        F#7

*2nd. time*

**D. S. al Coda**        ⊕ **CODA**

— with me.—        take a chance— with me.—   Just   some-one to   care,—

F#11        F#7        C#m7              F#11        F#7        B        Emaj7

some-one, some-where—   who will dance—   with me.

G#m7                C#m7              F#11        F#7        B

# We Will.

WORDS & MUSIC BY RAY O'SULLIVAN.

Lyrics:

It's

o - ver now    you've had    your fun ——    get    up them stairs ——    go on —— quick-ly
af - ter- noon    we spent    the day ——    with    un - cle Frank (remember?) and his —— wife aun-
Sun - day next    if the wea - ther holds ——    we'll    have that game ——    but I —— bags-ie

don't run ——    take    off —— your shoes ——    both of you's ——    let-ters
-tie May ——    well    do    you know ——    since then I've re -ceived them before ——    it's just that
being in goal ——    not    be - cause I'm good, ——    or be-cause I think I should, ——

leave —— them both —— out - side - the door ——    turn the land - ing light ——    off, no wait,
all —— of which re - peat —— the same ——    they say Thrilled to bits ——    can't be-
well at    my age I think stand- ing still ——    would real-ly suit me best ——    do we

Chords: Emaj7    C#m    A#m7-5    D#7    D#m7-5    B7    C#m    C+    E    A#m7-5    A

Verse 1:
leave it on — it might make the night — that much eas-ier to be gone and in the
mor-ing who'll be wide a-wake and eat-ing snow flakes as op-posed to
those flakes.

Amaj7    A7    F#7

Verse 2:
-lieve you came — we re-lived it both — o-ver time and time a-gain and if there's
ev-er a change of e-ven half you might be our way would you prom-ise
to stay.

E    Bm    C#m

Verse 3:
all a-gree? — hands up those who do — hands up those who don't I see well in that case
will we please be kind en-ough if not on Sun-day to go to mass on
Mon-day.

Amaj7

Girls
(We will) We will

To Coda ⊕

Girls
(We —

E    Esus4

1.
will) We will                    That

Bsus4    B9

2.
will) We will — Yeah — Yeah Yeah. Oh it's not

Bsus4    B9

279

eas - y pre-tend - ing that you can - not hear — once you've suf - fered re - flec-tions with-in —

C#m A D#7 G#7 C#m F#m7 B7

— It's no use in an end - ing to pro-claim — from the start — that the

E G#7 A E C#m

mor - al of the stor - ies to be - gin. On

A#m7-5 Bsus4 B7

*D. S. al Coda*

⊕ *CODA*

*Girls* *with Girls*

(We — will) We will — Yeah — Yeah Yeah Mm mm (We will.) mm

Esus4 E6 Bsus4 B9 E

280

# Living Next Door To Alice.

WORDS & MUSIC BY NICKY CHINN & MIKE CHAPMAN.

Sal-ly called when she got the word,— She said ___
grew up to-geth-er two kids in the park ___ We carved our initials

I sup-pose you've heard a - bout A - lice
- deep in the bark he and A - lice

Well I    rushed to the  win-dow, well I    looked out - side___
Now she  walks through the door    with her head held  high___

D                                  G

I could hard-ly    be - lieve    my eyes,    As a    big  li-mou-sine    rolled
Just for a mom-ent,  I    caught her eye,   - A  big  li-mou-sine    pulled

C                                  D

up        in - to    A-lice - 's drive.___
slow-ly      out of    A-lice - 's drive.___

G                                  D

Don't know why she's leaving or where she's gonna    go ___    I    guess she's got her reasons but  I

*mf*                                          *(mf)* 3rd. time

G                                  C

just don't want to know 'Cos for twen-ty-four years I've been liv-ing next door to

A-lice.                              Twen-ty-four years    just wait - ing for the chance_ to

tell her how I feel And may-be get a se-cond glance, now I've got to get used_ to not

liv-ing next door to A-lice.                         We A-lice,    A-lice.

Sal-ly called back and asked how I felt, And she said, hey I

know how to help,_ Get ov-er A-lice.

She said, now A-lice is gone,___ but I'm still here___ You

know I've been wait-ing for twen-ty-four years___ and the big li-mou-sine dis-ap-

peared. Don't know why she's leaving, or where she's gonna go___ I

Now I'll

nev-er get used___ to not liv-ing next door to A-lice.

# Let's Put It All Together.

WORDS & MUSIC BY HUGO & LUIGI, GEORGE DAVID WEISS.

Slowly

Em    A7    D

Your arms  a - round me  are  ten - der and  warm,____  My arms ____  are meant to
Your lips  can thrill me  just  touch-ing my  cheek,____  My lips ____  are meant to

Em    A7    D    Am7  D7

hold you.____  Your arms and my arms  }  what more is there  to  say?
kiss you.____  Your lips and my lips  }

G    A (G bass)    D (F♯ bass)    Bm7    Em    A    D    Am7  D7

Let's  Put It All  To - geth-er,____    Let's  Put It All  To - geth-er,____

Let's Put It All To-geth-er, girl, 'Cause lov-in' is all there is.

is. is.

Love like this nev-er hap-pened be-fore, per-fect and true,

Day by day we been feel-in' it more, you love me and

287

I love you.    Let's    Put It All    To - geth - er, _____

Let's    Put It All    To - geth - er, _____    Let's    Put It All    To -

geth - er,    girl,    'Cause lov - in'    is    all    there _    is.

*Repeat and fade*

Let's    Put It All    To - geth - er, _____    Let's    Put It All    To - geth - er. _____

# Stardust.

WORDS & MUSIC BY DAVID ESSEX.

**Moderato**

*Play 3 times*

Ah look what they've done to the rock-'n'-roll
Roll on up, wont-'cha come and take a look at me,___

Am          Em/G

clo - o - own _____          Ah          rock-'n'-roll clown look who's down on the
_____ Ah _____          come on,___ stand in line just one at a time___ see

Am                    Dm          Am/C

gro - ound _____          Well, he used to high fly, but he
me _____          See my paint - ed on grin as I

Dm7                    C          G/B

crashed out the sky
stand up to sing

In a star-dust ring hey rock-'n'-roll king is down.

E7/G#    Am    F/A  G    C    B    Bb

1
2

But he's the lead-er of the

Am    Am    Tacet

band    Yes, a lone-ly man    do do do wan-na take his

* G    Am    Tacet    * G    Am    Tacet

hand?    Yes, you know you can    an.

* G    Am    Tacet    *

290

Am    Em/G    Am

Well, I

Dm    Am/C    Dm

used    to    high    fly,    but I    crashed    out    the    sky____    in a

C    G/B    E7/G#    Am    F/A  G

*Repeat and fade ad - lib.*

star - dust    ring    hey    rock -'n'- roll    king    is    down.___    in a

C    B    Bb    Am    F/A  G

291

# Angel.

WORDS & MUSIC BY JIMI HENDRIX.

An - gel came down from heav - en yes - ter - day__
Sure e - nough, this morning came un - to me__

stayed may - be long e-nough to res - cue me.
silver wings silhou-et-ted 'gainst a child's sun - rise

B 7th fr.    G#m 4th fr.    C#m 4th fr.

And she told me her sto - ry yes - ter - day__
And my an - gel, she said un - to me__

o E    A 5th fr.    Bb 6th fr.    B 7th fr.    A 5th fr.

a - bout the sweet love be - tween the moon__ and the deep blue sea.__
to - day's the day for you to rise.__

E    Em    B 7th fr.

Then she spread her wings high o - ver me__ she says she's
Take my hand, you're gon-na be my man, you're gon - na rise__ Then she

C#    D# 3rd fr.    E 4th fr.

goin' now,__ come back to - mor - row.    I said,
took me__ high o - ver yon - der.

"Fly on,— my sweet an- gel,— fly on— thru the sky—

Fly on,— my sweet an - gel,— to - for-

mor-row gon- na be by your side."
ev - er I will be by your side."

2nd time
D.S. and fade

Fly away,

high away, fly away!

# Lucille.
WORDS & MUSIC BY R. BOWLING & H. BYNUM.

Bright Country Waltz tempo

VERSE

1. In a bar in To - le - do, a - cross from the de - pot, on a
2. mir - ror I saw him and I close - ly watched him, I
3. Af - ter he left us I or - dered more whis - ky, I

B♭

bar stool she took off her ring,
thought how he looked out of place,
thought how she'd made him look small,

I thought I'd get
He came to the
From the lights of the

F7

Cm

clos - er, so I walked on ov - er, I sat down and asked her her name.
wo - man who sat there be - side me, He had a strange look on his face.
bar room to a rent - ed ho - tel room we walked with - out talk - ing at all.

F7

Cm7

F7

B♭

When the drinks fin - al - ly hit her she said, "I'm no quit - ter, but I
The big hands were cal - loused, he looked like a moun - tain, For a
She was a beau - ty but when she came to me, she

fin - al - ly quit liv - ing on dreams, I'm hun - gry for laugh - ter, and
min - ute I thought I was dead, But he start - ed shak - ing, his
must have thought I'd lost my mind, I could - n't hold her 'cos the

Bb7        Eb            F7

here ev - er af - ter, I'm af - ter what - ev - er the oth - er life brings."
big heart was break - ing, He turned to the
words that he told her kept com - ing back

Bb

2. In the wo - man and said _____ "You picked a fine time to leave me Lu -
time af - ter time _____

Bb

296

CHORUS

-cille _____ with four hun-gry child-ren and a crop in the field _____

I've had some bad times, lived through some sad times, but this time your hurt- ing won't

*To 3rd Verse*

heal _____ You picked a fine time to leave me, Lu - cille."

*To Chorus and fade*

-cille, _____ You picked a fine time to leave me, Lu -

Eb    Bb

Eb

Bb    F7    Bb

Bb

# Whispering Grass.

WORDS BY FRED FISHER. MUSIC BY DORIS FISHER.

298

-go?   WHISPERING GRASS, the trees don't need to know. _____   Don't you tell it to the breeze 'cause

Fm    C    C°   Dm7    G7    C    D7    G7+    C    Am

she will tell the birds and bees And ev-'ry-one will know be-cause you   told the blab-ber-ing trees Yes, you   told them once be -

F    G    C    Am    Dm7    G7    Am7    D°

- fore;    It's no se-cret an-y   more.    Why tell them all the , old things?    They're buried un-der the

Am7  D7    Dm7  G°    Dm7  G7+    C    Em    F

snow.    WHIS-PERING GRASS, don't tell the trees 'Cause the trees don't need to   know.

Fm    C    C°    Dm7  Ab7    Dm7  Bb    B  C Ab9  G7  G7+    C

299

# If You Could Read My Mind.

WORDS & MUSIC BY GORDON LIGHTFOOT.

* Play thumb and finger style.
Medium Latin feeling as in
a beguine. G. I

feet.     You    know that ghost is    me.     And    I will nev - er
me.    But    he - ros of - ten     fail,     and    you won't read that

be set free    as    long as I'm a     ghost that you can't    see.
book a - gain    be - cause the end-ing's    just too hard to    take!

I'd walk a - way _____ like a     mov-ie star___ who gets

burned in a three-way     script.     En-ter num - ber    two:     A    mov-ie queen to play the scene of bring-ing all the good things out of me. But for

now, love, let's be real; I nev-er thought__ I could

feel this way__ and I've got to say__ that I just don't get it.

I don't know where we went wrong,__ but the feel-in's gone__ and I

just can't get it back.

D. S. %
al Coda

**Coda**

Em / F#m     C / D     G / A     C / D     (5th on top) G/B bass / A /C# bass

feet. But sto-ries al-ways end, and if you read be- tween the lines, you'd

Am7sus / B sus     D / E     Em / F#m     C / D     G / A

know that I'm just tryin' to un-der- stand the feel-in's that you lack. I

C / D     (5th on top) G/B bass / A /C# bass     Am7sus / B sus     D / E

nev-er thought__ I could feel this way__ and I've got to say__ that I just don't get it.

C / D     (5th on top) G/B bass / A /C# bass     Am7sus / B sus     D / E

I don't know where we went wrong,__ but the feel-in's gone__ and I just can't get it back!__

G / A     G (add 9)     Dm6/F bass / Em /G bass     G / A

*ritard.*

303

# Something Tells Me (Something's Gonna Happen Tonight).

WORDS & MUSIC BY ROGER COOK & ROGER GREENAWAY.

36 bars per minute

Some - thing tells me some-thing's gon --na hap-pen to -

night

I read in the pa - pers that Ge — mi-ni peo - ple will make_

it to - night _

The stars will be shin - ing _ sign's _ a-lign - ing with

love

So come on and make it let's take ev'rything that we've been dreaming of _

Some-thing tells me some - thing's gon-na hap-pen to you    The

G  D7  D9  D7    G                          Am

smile on my face — is the smile — you will wear — in a mo - ment or two —    So

D7                                          G

*Fade at 2nd D.S.* - - - - - - - -

get it to-geth - er you see — it's gon-na hap-pen right —    'Cos some - thing tells  me some-

                        Am              D7

- thing's gon-na hap-pen    to-night         Oh I woke  up this morn - ing —    with

                        G                          Cmaj7

sun-shine through my win-dow___ Ev - 'r y-thing that's hap - pened___ so far___

D7    Gmaj7    Cmaj7

___ has turned out right ___ And I've got ev- ry - rea - son ___ to

D7    Gmaj7    Cmaj7

feel it's get - ting bet-ter___ It's get-ting bet- ter ev-'ry min-ute can't

D7    Gmaj7

*To Coda* ⊕    C    𝄋    ⊕ *CODA*

*D.S. al Coda*    *D.S. al Fade*

wait un - til we meet to - night    For ba - by    For ba - by

A7    D    D7    D7

# Smile, Smile, Smile.

WORDS & MUSIC BY HUGO PERETII, LUIGI CREATORE
& GEORGE DAVID WEISS.

Easy, relaxed feeling

I saw a spark-le of rain, — I saw it kiss-in' a rose, —

It made me smile, smile, smile —

I felt a but-ter-fly's wings, — I felt it tick-le my nose, —

Eb    Eb/G    Ebo/Gb    Bb7/F    Fm    Fm(maj7)    Fm7

307

It made me smile, smile, smile.

Fm6  Fm7  B♭7+  E♭

I heard the whole world sing and bells start to chime—

A♭  A♭°  Gm/B♭

the day a ba - by walked for the ver - y first time.—

C7  Fm  Fm(maj7)  Fm7  Fm7 sus  F7  B♭7

The small - est mo - ment of joy—— can fill your heart with a smile—

E♭  E♭7  A♭

and make it all worth while.

Fm6/G    G7    Cm

Hey! What's that look on your face — the world's a

G⁰    Fm7    E⁰    Fm7    Fm7/B♭    Fm/A♭

much bet-ter place, — I saw you smile, smile,

Gm    C7    F7    B♭7

smile! — I saw a smile! —

E♭    E♭

# All Right Now.

WORDS & MUSIC BY PAUL RODGERS & ANDY FRASER.

Moderato, with a strong beat

There she stood in the street
I took her home to my place

G          C    G

Smil - ing from her head ____ to her feet, I said
Watch - ing ev - 'ry move on her face, She said

C                        G

"Hey, what is this?" ____ Now ba - by, may - be
"Look, what's your game ____ ba - by, ____

C    G

may-be she's in need ____ of a kiss.                    I said   "Hey,      what's your
are you tryin' to put me in   shame?"                    I said   "Slow,     don't go so

C                                          G                                            C

name ba - by,              may-be we can see things ____ the same,        Now don't you
fast,              don't you think that love ____ can last?"               She said ____

G                    C                                    G

wait ____        or      hes-i- tate, ____    Let's move ____ be - fore they raise the park-ing
"Love, ____     Lord a - bove, ____             now ____ you're tryin' to trick me    in

                              C   G                        C

Chorus

rate."                  All       right       now ____ ba ____ by,   It's all ____
love."

G                      G   C       F

311

right _____ now. All right

now _____ ba __ by, It's all _____ right _____ now.

All right

now _____ ba __ by, It's all _____ right _____ now.

Repeat ad lib & fade.

312

# (Is This The Way To) Amarillo.

WORDS & MUSIC BY NEIL SEDAKA & HOWARD GREENFIELD.

*(With a strong beat)*

Sha-la-la la la — la la la          Sha-la-la la la — la la la

Sha-la-la la la — la la la.

When the day is dawn — ing
There's a church bell ring — ing

on a Tex — as Sun — day morn — ing,          How I long to be — there
hear the song of joy — that it's sing — ing,          For the sweet Ma — ri — a

with Ma — rie who's wait__ing for me there. Ev — 'ry lone — ly ci _____ ty
and the guy who's com__ing to see her.. Just be —yond the high__way

**Bb    F7    Gb    Db**

where I hang my_____ hat _____ ain't as half as pret — ty_____ as
there's an op —en__ plain _____ and it keeps me go—ing _____ as

**Gb    Db    Gb    Db**

*Chorus*

where my ba—by's at. _____ Is this the way to Am____ a—ril____lo,
thru' the wind and rain._____

**Cm7    F7    Bb    Eb**

Ev—'ry night I've been hug__ging my pil — low, Dream—ing dreams of Am____ a—ril____lo,

**Bb    F7    Bb    Eb**

314

and sweet Ma—rie who waits—for me. Show me the way to Am——a—ril——lo, I've been weep—in' like

Bb    F7    Bb                                    Eb    Bb

— a wil——low, Cry—ing ov — er Am——a—ril——lo and sweet Ma—rie who waits—

F7                    Bb            Eb            Bb        F7

—for me. Sha—la—la la la—la la la Sha—la—la la la—la la la

Bb                    Eb        Bb        F7

Sha—la—la la la—la la la And Ma—rie who waits—for me. —for me.

D.%. and repeat till fade.

Eb            Bb        F7            Bb            Bb

# Dinge Dong.

WORDS & MUSIC BY D. BAKKER, D. MACRONALD & H. WALTHEIM.

Lyrics:

1.3. Is het lang ge-le-den,— is ___ het lang ge-le-den dat ___
2. Is het lang ge-le-den,— is ___ het lang ge-le-den dat ___
1.3. When you feel-ing all right ___ ev'- ry-thing is up-tight try ___
2. When you feel-ing all right ___ ev'- ry-thing is up tight lis-

___ mijn hart je riep met zijn ding ___ din-ge-dong. Is het lang ge le-den,— is ___
___ je zei ik ben zo blij ding ___ din-ge-dong. Is het lang ge le-den,— dat ___
___ to sing a song that goes ding ___ din-ge-dong. There will be no sor-row ___ when ___
- ten to a song that goes ding ___ din-ge-dong. And the world looks sun-ny ___ ev'-

het lang ge - le - den, — in ——— de zo-mer-zon ging het bim ——— bam — bom. — Tik - ke
het lang ge - le - den, — dat ——— de kerkklok voor ons sloeg bim ——— bam — bom. — Tik - ke
you sing to - mor - row — and ——— you walk a - long with your ding ——— dang dong. — Din - ge
- ry - one is fun - ny — when ——— they sing a song that goes ding ——— dang dong. — Din - ge

G7          C                    F                    E7

tak      ging - en u - ren — hoe ——— lang zou het du - ren      tik - ke tik - ke tak en dan bim —
tak      zou het door - gaan — tot ——— je wil - de weg gaan —   tik - ke tik - ke tak en dan bim —
dong ev' - ry hour ——— when ——— you pick a flow - er ——       e - ven when your lov - er is gone —
dong ev' - ry hour ——— when ——— you pick a flow - er ——       e - ven when your lov - er is gone.

Am          Dm7              G7          C          F

—— bam — bom, — tik - ke    tak    al die nach - ten, — bleef ——— ik op je wach - ten — tik -
—— bam — bom, — tik - ke    tak    al die nach - ten, — bleef ——— ik op je wach - ten — tik -
—— gone, gone. — Din - ge dong, lis - ten to it ——— may - be it's a big hit ——— e -
—— gone, gone. — Din - ge dong, lis - ten to it ——— may - be it's a big hit ——— e -

E7                          Am          Dm7        G7          C

- ke tik -ke tak en toen bim ——— bam —— bom, de tijd was om.
- ke tik -ke tak en toen bim ——— bam —— bom, de tijd was om.
- ven when your lov · er is gone ——— gone — gone — sing ding dang dong.
- ven when your lov · er is gone ——— gone — gone — sing ding dang dong.

· F       E7       Am

2. ..Is het om.
2. When you dong.

Bim —
Ding —

E7       Am

—— bam bom, bim —— bim bam bom 't wordt la - ter en la - ter——
—— dang dong din · g'e dang dong When you think it's o · ver——

C       E♭

318

en voor je 't weet,___ denk je waar is de tijd toch ge-ble-ven___
they let me down,___ dry your tears and for-get all your sor-row___

Fm    G7    Fm    B♭    E♭    A♭

die je hebt ge-kre-gen van mij,___(bim bam bim bam) ie-der uur dat ik
try to smile when you say good-bye,___(din-ge dang dong.) Ding dang dong when you

D♭    D    E    Fm    B♭

gaf duur-de eeu-wen___ die je hebt ge-kre-gen van mij.___
wake up to-mor-row___ when the sun is up in the sky.___

E♭    A♭    D♭    D    E

al segno 𝄋
al coda ⊕

3. is het
3. When you

___ bam bom.___ Tik-ke
___ gone gone.___ Din-ge

Am    E7

319

tak ging en u-ren____ hoe____ lang zou het du-ren____ tik - ke tik-ke tak en dan bim____
dong ev'-ry hour____ when____ you pick a flow-er____ e - ven when your lov-er is gone____

Am          Dm7          G7          C          F

____ bam____ bom,____ tik-ke tak al die nach-ten,____ bleef____ ik op je wach-ten____ tik-
____ gone____ gone.____ Din-ge dong, lis-ten to it____ may - be it's a big hit____ e-

E7                              Am          Dm7          G7          C

____ ke tik-ke tak en toen bim____ bam____ bom,____ de tijd was om.
____ ven when your lov-er is gone____ gone____ gone, sing ding dang dong.

F                    E7                         Am

E          Am          E          Am

320

# Billy Don't Be A Hero.

WORDS BY PETER CALLANDER. MUSIC BY MITCH MURRAY.

(Whistle)

(Drums)

C    Cmaj7    C    Cmaj7

Dm    G7    C

1. The march-ing band came down a-long main street the sol-dier blues fell in
2. The sol-dier blues were trapped on a hill-side the bat-tle rag-in' all

Cmaj7    Dm    G7    C

— be-hind    I looked a-cross and there I saw Bill-y    wait-ing to go and join
— a-round    The ser-geant cried "We've got-ta hang on boys    we got-ta hold this piece

Cmaj7    Dm    G7    C

the line / of ground

And with her head up-on___his shoul-der / I need a vo-lun-teer___to ride out

his young and love-ly fi- / and bring us back some ex-

Cmaj7    Dm    G    Dm

**To Coda** ⊕

-an-cée___ / -tra men"___

From where I stood I saw___she was cry-in' / And Bill-y's hand was up___in a mo-ment

and through her tears I heard___ / for-get-ting all the words___

G    Dm    G7    Dm    F

___her say    Bill-y don't be a he-ro don't be a fool___with your life___

G    C    Cmaj7    Dm7

*(Girl)*

Bill-y don't be a he-ro "Come back and make___me your wife"___

And as Bill - y start - ed to go\_\_\_\_ she said "Keep your pret - ty head low"\_\_\_\_

*(Girl)*

C        C7        F        Fm

Bill - y don't be a he - ro "Come back to me"\_\_\_\_

*(Girl)*

C        Dm    G7        C        Cmaj7

***D. S. al Coda***

C        Cmaj7

**CODA**

\_\_\_ She said        she said

G        Ab7

Bill - y don't be a he - ro don't be a fool\_\_\_ with your life\_\_\_

Db        Dbmaj7        Ebm7

Bill - y don't be a he - ro "Come back and make me your wife" And as

(Girl)

Ab7        Db

Bill - y start - ed to go she said "Keep your pret - ty head low"

Db        Db7        Gb        Gbm

Bill - y don't be a he - ro "Come back to me"

(Girl)

Db        Ebm    Ab7        Db

Colla voce

I heard his fi - an - cée got a let - ter that told how Bill - y died that day

Ebm7        Ab7        Dbmaj7        Db6

The let - ter said that he was a he - ro she should be proud he died___that way

Ebm7    Ab7    Dbmaj7    Db6

*a tempo*

I heard she threw the let - ter a - way.

Ebm7    Gb    Ab    Db    Dbmaj7

(*Whistle*)

Db    Dbmaj7    Ebm

Ab7    Db    Dbmaj7

# Banks Of The Ohio.

TRADITIONAL. ARRANGED BY BRUCE WELCH & JOHN FARRAR.

Moderato

**Lyrics:**

I asked my love / knife / home

to take___ a walk,___ / To take a walk___
a — gainst___ his breast___ / as in — to___
'tween twelve___ and one,___ / I cried "My God___

Just a lit — tle walk,___
my arms he pressed,___
what have I done,___

Down be — side___ where the wat — ers flow___
He cried "My love___ don't you mur — der me,___
I've killed the on ly man I love"

Down by the Banks_____
I'm not pre-pared_____
He would not take____ me____

of the Oh — i — o.
for e — ter — ni — ty."_____
for his bride._____

And on — ly

F

C

G7

C

**CHORUS**

say that you'll be mine,____

In no

C

G7

oth_____ thers arms____ en — twine,

Down be — side____

C

where the wat — ers flow_____
(Where the wat — ers flow )_

C7     Gm7   C7     F

Down by the Banks_____ of the Oh — i —

C          G7

1.2          LAST

—o.         (2) I held a       Down by the Banks_____
(The Oh — i — o.    (3) I wan — dered

C                                 F

— of the Oh — i — o._____

C         G7            C

328

# Brown Sugar.

WORDS & MUSIC BY MICK JAGGER & KEITH RICHARD.

Moderate tempo (32 bars per minute)

Gold—— Coast slave—— ship bound for
Beat - ing,—— cold Eng-lish
I bet your ma - ma was a

cot - ton fields,—— sold—— in a mar-ket down in New Or - leans.—— Scarred
blood runs hot,—— la —— dy of the house won-d'rin where it's gon-na stop. House
Tent Show queen,—— and —— all her girl friends were sweet six - teen.—— I'm

old slav — er know he's do-in' al - right. — Hear — him whip the wo - men just —
boy knows — that he's do-in' al - right. — You should a — heard him just —
no school — boy but I know what I like. — You should have — heard me just —

a-round mid - night. Ah (2nd) ———————— Brown Su - gar how come you taste so good —
a-round mid - night.

—— —— (A-ha) Brown Su - gar, just like a young girl should —
black girl
young girl

1.2.
C F C F Eb
A- huh.
C F C
Ab Bb C sus4
3. C F C F G
Drums
C F C
G
C
(Vocal 1. 2. 3. only)
I said yeah I said yeah I said yeah I said oh
C F C
1.2.3.4.5. F C
6. C F C
(1.2. only) just like a just like a black girl should. I said yeah

# Black And White.

WORDS BY DAVID ARKIN. MUSIC BY EARL ROBINSON.

**Light and bright**  ♩ = about 126

1. The ink is black The
(2. The) slate is black The
(3. A) child is black A
(4. The) world is black The

G  D7  G  D7  G  D7

page is white To-ge-ther we learn to read and write, To read and write
chalk is white The words stand out so clear and bright, So clear and bright
child is white The whole world looks up-on the sight, A beau-ti-ful sight
world is white It turns by day and then by night, It turns by night

G  D7  G  C  A7  D  C  D7  G

And now a child can un-der-stand This is the law of
And now at last we plain-ly see the al-pha-bet of
For ve-ry well the whole world knows This is the way that
It turns so each and ev-'ry-one can take his sta-tion

D7  G  D7

all the land, All the land! The ink is black, The
li - ber - ty, Li - ber - ty! The slate is black, The
free- dom grows, Free-dom grows! A child is black, A
in the sun, In the sun! The world is black, The
G D7
page is white To - ge-ther we learn to read and write, to read and write.
chalk is white The words stand out so clear and bright, so clear and bright.
child is white The whole world looks up - on the sight, a beau-ti-ful sight.
world is white It turns by day and then by night, it turns by night.
G D7 G C A7 D D7 G
1.2.3. endings
4. ending
2. The
3. A
4. The
f
mp
G D7 D7 G

Additional Verse. Their robes were black,
Their heads were white,
The school-house doors were closed so tight,
Were closed up tight,
Nine judges all set down their names,
To end the years and years of shame,
Years of shame,
The robes were black,
The heads were white,
The school-house doors were closed so tight,
Were closed up tight.

# The Jean Genie.

WORDS & MUSIC BY DAVID BOWIE.

Moderato with a strong beat

(1) Small Jean Gen - ie snuck off to the ci - ty___
(2) Sits like a man but smiles like a rep - tile___ She
(3) So sim - ple mind - ed he can't drive his mod - ule___ He

Strung out on lais- ers and slash back lais- ers, and ate all your raz-ors while pull-ing the wait- ers___
loves him, she love him, but just for a short while she'll scratch in the sand,___ won't let go his hand___ He
bites on a ne - on and sleeps in a cap-sule loves to be loved___

To Coda ⊕

talk - ing 'bout Mon-roe and walk - ing on Snow-White New York's a go-go when ev-'ry-thing tastes nice
says he's a beau-ti - cian Sells you nu-tri - tion and keeps all your dead hair for mak-ing up 'underwear
loves to be loved

Poor lit -tle Green-ie.___      The Jean Gen-ie

lives on his back___    The Jean Gen -ie    loves chim-ney stacks___    he's out-rag-eous, he

screams and he bawls _____    The Jean Gen-ie    let your-self go.___

D. S. al Coda      ⊕ CODA

The Jean Gen-ie lives on his back___ The Jean Gen-ie loves chim-ney stacks

he's out-rag-eous, he screams and he bawls___ The Jean Gen-ie let your-self go___

# Live And Let Die.

WORDS & MUSIC BY McCARTNEY.

Slowly

When you were young, and your heart was an op-en book

G        Bm        C        D7        D7(9b)

You used to say live and let live (You know you did, you know you did, you know you

G        Bm        C        D11        D7(9b)

did___) But in this ev-er chang-ing world___ in which we live___ in makes you

G        Bm        C        A7

give in and cry___                    Say live and let die___

D7        Am        D7                    Bb/D

live and let die___ live and let die___ live and let

G    C/G          Gdim      G7        G       C/G

**To Coda** ✛ *(double tempo)*

die___

Gdim          Gm

What does it mat - ter to ya

*(f)*

*mf*

C7

when you got a job to do,___ you got - ta do it well___

G7                                          D7

338

You got - ta give the oth - er fel - low hell.

Em

F

Gm

**D.C.**
*(tempo 1)*
***al Coda***

⊕ *CODA*

Gm

1 - 3

Last

Ebm

# Life On Mars.

WORDS & MUSIC BY DAVID BOWIE.

Moderato

It's a God aw-ful small af-fair_____ to the girl with the mous-y hair_____ But her mum-my is yell-ing "No"_____ And her dad-dy has told____ her to go._____ But her friend is no-where____ to be seen_____ Now she walks thru' her sunk-en dream____ to the seat with the clear - est view_____ And she's

hooked to the sil - ver screen But the film is a sad - 'ning bore_____

for she's lived it ten times_____ or more,_____ She could
'cause I wrote it ten times_____ or more, It's a

spit in the eyes_____ of fools_____ as they ask her to fo - cus on
bout to be writ a - gain_____ as I ask her to fo - cus on

sail - ors fight - ing in the dance hall     oh man

look at those cave - men    go,     It's the freak - i - est    show

Take a look at the    Law - man

beat - ing up the wrong guy,     oh man     won - der if he'll ev - er    know

He's in the best sell-ing show____

Is there life__ on Mars?____

To Coda ⊕

Molto rall.

343

It's on Am - er - i -kas tor - tured brow____ That Mick - ey

Mouse has grown up____ a cow,____ Now the work - ers have struck__ for fame

'Cause Len - non's on sale__ a - gain.____ See the

mice in their mil - lion hordes_____ From I - be - za to the Nor - folk Broads,__

344

Rule Bri - tan - nia is out ____ of bounds ____

To my moth - er, my dog ____ and clowns.

*D. S. al Coda*

CODA

*Rall.*

*Molto rall.*

# Lady D'Arbanville.

WORDS & MUSIC BY CAT STEVENS.

(R.H.)

Em

(Freely)

My La-dy —— D'Ar-ban-ville
ban-ville

Why do you sleep so
You look so cold to-

Em

D

still ?
night.

I'll wake you —— to - mor-row
Your lips feel —— like win - ter

Em

Em

And you will be —— my fill
Your skin has turned —— to white

Yes, you will be —— my
Your skin has turned —— to

D

Bm

A tempo
fill. My La - dy D'Ar-ban - ville Why
white. My La - dy D'Ar-ban - ville Why
ban - ville Why
Em Em D
does it grieve me so? But your heart seems so
do you sleep so still? - I'll wake you to-
do you grieve me so? But your heart seems so
Em
sil-ent Why do you breathe so low, Why
mor-row And you will be my fill, Yes,
sil-ent Why do you breathe so low, Why
D Bm
do you breathe so low? My La - dy D'Ar - ban - ville
you will be my fill. La la la la la la
do you breathe so low? I loved you my la - dy
Em Em

Why do you sleep___ so still? I'll wake you___ to-
La la la la___ la la La la la___ la
Though in your grave___ you lie, I'll al-ways___ be

mor-row___ And you will be___ my fill,___ Yes,
la la___ La la la la___ la la la
with you___ This rose will nev - er die,___ This

you will be___ my fill. My La-dy___ D'Ar-la. My La-dy___ D'Ar-
la la la___ la
rose will nev - er

die.

# My Ding-A-Ling.

## WORDS & MUSIC BY CHUCK BERRY.

Moderato    (Verse 1)

When I was a lit-tle bid-dy boy, my

grand-moth-er bought me a cute lit-tle toy,— Sil-ver bells hang-ing on a string.— She

told me it was my ding - a-ling-a-ling. Oh My ding - a-ling, my ding - a-ling, I

want you to play with my ding - a-ling, My ding-a-ling, my ding - a-ling, I

*To Coda* ⊕      (Verses 2 - 5 )

want you to play with my ding - a - ling. (2) And then mom-ma took me to Gram-mar school,— but

Bb7     Eb        Ab

I stopped off in the vest - i - bule,— Ev - 'ry time that bell would ring,—

Bb7     Eb        Eb7   Ab

**1 - 3**       **LAST**      *D. S. al Coda*

Catch me playin' with my ding-a - ling - a - ling! Oh own ding - a-ling! Oh

Bb7     Eb        Eb

⊕ *CODA*       (Last Chorus)

My ding - a-ling! Oh your— ding - a - ling, your — ding-a-ling, we saw

Eb     Eb        Ab

you playin' — with your — ding-a-ling; Well my — ding-a-ling, Ev -

Bb7    Eb

— 'ry-bo - dy sing    I — want to play with    my ding - a - ling.    My ding-a-ling,

Ab    Bb7    Eb

My ding-a - ling,    I    want to    play    with    my    ding - a - ling!

rall.

Ab    Bb7    Bb11  Bb7    Bb11    Eb

3. Once I was climbing the garden wall
   I slipped and had a terrible fall;
   I fell so hard I heard bells ring
   But held on to my ding-a-ling-a-ling!
      (To chorus)

4. Once I was swimming 'cross Turtle Creek
   Man, them snappers all around my feet,
   Sure was hard swimming 'cross that thing
   With both hands holding my ding-a-ling-a-ling!
      (To chorus)

5. This here song it ain't so sad
   The cutest little song you ever had
   Those of you who will not sing
   You must be playing with your own ding-a-ling!

      (to 𝄌 )

351

# It Never Rains In Southern California.

WORDS & MUSIC BY ALBERT HAMMOND & MIKE HAZELWOOD.

Got on board ___ a west ___ bound
The folks ___ back

sev - en for - ty sev - en ___ Did -n't think ___
home I near -ly ___ made it ___ Had of -

be - fore ___ de - cid - ing ___ what ___ to do.
fers but ___ don't know ___ which one ___ to take ___

Bm7    E    A

All      that  talk  of  op - por - tun - it - ies,
Please   don't tell them how ___ you found ___ me,

A         Bm7         E

T. V.  breaks ___ and mov - ies,        rang      true,
Don't tell them how ___ you found ___ me    give me a break,

A              A              Bm7

sure rang      true. ___                    Seems  it
give me ___ a ___ break.

E                   A

never rains___ in South - ern Cal - i - forn - ia___

Bm7          E          A

seems I've oft - en heard___ that kind ___ of talk___ be ___ fore.___

Bm7          E

It nev - er rains in Cal - i - forn -

A          Bm7

___ ia, But girl, don't they warn___ ya it pours___

F          A          A

354

man___it pours.___ Out of

work, I'm out of my head___ out of self re - spect I'm out___ of bread,

I'm un - der loved, I'm un - der fed, I wan -na go

home; It nev - er rains in Cal - i - forn -

ia — But girl don't they warn — ya, it pours —

E                    A

man — it pours. —

Bm7        E              A

Bm7        E         A         A

D. S. to Fade

Will you tell —

Bm7        E         A

356

# My Love.

WORDS & MUSIC BY McCARTNEY.

Slowly

1. And when I go a-way       I know my heart can stay with my
2. And when the cup-board's bare    I'll still find some-thing there with my
3. Don't ev-er ask me why    I nev-er say good-bye to my

Bbmaj7

love,     It's un-der-stood      it's in the hands of my
love,     It's un-der-stood      it's ev-'ry-where with my
love,     It's un-der-stood      it's ev-'ry-where with my

Am7                           D7

love        And my love does it good      wo - wo
love
love

Gm7                   Am7     Bbmaj7    Bm7(5b)

To Coda ⊕

wo - wo     wo - wo wo - wo      my love does it good.

F                       Gm7                 Bb

I love___ oh wo___ my love _____ on - ly my love holds the oth - er key___

To me, oh oh___ my love___ oh___ my love _____ on - ly

my love does it good to_____ me. Wo - wo wo- wo wo- wo

F    F    Gm7    C7    F    A+    Bb    C7    F    A+    Gm7    C7    F    A+    Bb    C7    F    F

D.C. al Coda

wo - wo     my love does it good.——

Gm7      Gb      F

CODA

My love does it good——     my love ——    oh wo ——

Bb      F      Gm7     C7

my love —————— on - ly my love does it good to - oo - oo —————

ten.

rall

F      A+      Gm7     C7

me.    Wo - wo wo - wo    wo - wo    wo - wo    wo.

a tempo

F      A+      Bb      C7      F

359

# Snookeroo.

WORDS & MUSIC BY ELTON JOHN & BERNIE TAUPIN.

Moderato

Verse

Eb

Bb

Cm

1. I was born in the north of Eng-land, I was raised in a work-ing town
2. I need some-one to cook for me and turn me loose at night
3. (Instrumental to Chorus)

Ab

Eb

Bb

I broke all the rules when I went to school but the
I could spend my life with a fac-t'ry girl 'cause a

teach-ers could-n't pin me down. ___ I tried to make my par-
fac-tor-y ___ girl's my type. ___ I hear them gos-sip on ___

-ents proud by a-dapt-ing to the so-cial pow'rs ___ Oh, ___ pigs ___
the street ___ most of what they say is true ___ Oh, ___ don't ___

___ will fly ___ and the earth will fry ___ when they get me do-ing hon-est hours ___
___ you know that I hear them say ___ there goes that la-zy, no good Snook-er - oo ___

Snook-er-oo, Snook-er-oo, dad-dy's go-ing on

the booze Moth-er used to cut my hair, and sis-ter used to make the news

Well, it was two rooms up and two rooms down and we were

Sen-tenced by the wreck-ing crane I was born on the eve of Hal-

Cm
To Coda
Cm
F7
- lo - ween and
Snook - er - oo, Snook - er - oo,
1 Bb7
Eb Db Ab Bb
Snook-er-oo's my name.
2 Bb7
Eb Db Ab Bb
D. S. al Coda
Snook-er - oo's my name. Snook - er - oo
Coda
Cm
F7
(Repeat 3x's)
Bb7
Eb Db Ab Bb
Snook -er-oo, Snook - er-oo
Snook-er-oo's my name (Snook-er - oo)
(Repeat 3x's)